Familienrechtsanwältin
ESTELL BAUMANN

SCHEIDUNG OHNE SCHERBEN

Warum ihr mit der Trennung nicht warten müsst, bis die Kinder ausgezogen sind und der Kredit abbezahlt ist

INHALT

EINLEITUNG*

Wohl niemand tritt vor den Traualtar mit dem Gedanken an eine Scheidung – und doch wird sie für viele Menschen früher oder später Realität. Jede dritte Ehe in Deutschland geht auseinander, an dieser Zahl hat sich seit dreißig Jahren nichts geändert.

Wenn du dir in deiner Beziehung gerade die Frage »Gehen oder bleiben?« stellst, bist du damit also keineswegs allein.

Vielleicht ist für dich schon der Moment gekommen, wo du klar sagst: »Das war's! Ich trenne mich.« Vielleicht hat dein Partner dich betrogen oder du bist selbst schon länger auf Abwegen. Möglicherweise kannst du auch einfach die Stimmung bei euch zu Hause nicht mehr ertragen, die Vorwürfe, den Streit, das Misstrauen, die Feindseligkeit oder gar die Gewalt. Die Zuneigung von einst ist Wut, Enttäuschung, Genervtheit oder Desinteresse gewichen.

Dass an eurer Trennung kein Weg vorbeiführt, weißt du also genau und hast deshalb zu diesem Buch gegriffen. Du möchtest dich nämlich so gut wie möglich auf das vorbereiten, was eine Auflösung der Ehe mit sich bringt. Für dich geht es um Fragen wie: Wie läuft eine Scheidung ab, was muss ich dabei beachten, welchen Fehler sollte ich tunlichst vermeiden? Können die Kinder weiter bei mir wohnen? Wer bekommt das gemeinsame Haus? Wie funktioniert das mit dem Unterhalt und der Vermögensteilung? Klare rechtliche Themen also, über die viele Fehlinformationen durch die Welt geistern. In den folgenden

---

* Bevor wir einsteigen, würde ich dir gern eine Art Lese-Du anbieten. Im Scheidungsmandat selbst bin ich eine Verfechterin davon, beim Sie zu bleiben. In diesem Buch aber werden wir uns zu einem großen Teil mit Themen befassen, die über den juristischen Tellerrand hinausragen, und es wird wesentlich privater zugehen als bei einem Scheidungsmandat. Daher ist das Du zwischen uns durchaus angebracht, finde ich.
Und noch etwas: Ich werde hier weitgehend das generische Maskulinum verwenden – einzig aus dem Grund, weil das Gendern für mich den Lesefluss stört. Das Buch richtet sich jedoch selbstverständlich an alle Menschen, die mit Trennungsgedanken spielen, völlig unabhängig vom Geschlecht.

Kapiteln findest du Einblicke dazu, was du zur Vorbereitung auf deine Scheidung wissen musst.
Womöglich hast du dieses Buch aber auch mit viel gemischteren Gefühlen zur Hand genommen. Du und dein Partner, ihr »funktioniert« zwar noch im Alltag, aber ihr tauscht euch nicht mehr wirklich aus, habt keine gemeinsamen Interessen mehr, lebt aneinander vorbei. Kurz, du bist einfach nicht mehr glücklich in deiner Ehe. Ob aber eine Trennung der richtige Schritt ist, da bist du dir nicht sicher. Denn du hast noch Gefühle für deinen Partner und tief in deinem Herzen wünschst du dir, dass ihr zu eurer alten Verbundenheit und Liebe zurückfindet. Möglicherweise habt ihr es sogar schon mit einer Paartherapie versucht – leider erfolglos –, doch trotzdem willst du deine Ehe noch nicht aufgeben. Wenn dem so ist, bist du hier ebenfalls richtig. Ich versorge dich mit neuen Impulsen, die zu Selbsterkenntnis und Perspektivwechseln einladen.
Vielleicht interessierst du dich für dieses Buch aber auch, weil du in einem inneren Konflikt steckst: Du bist dir zwar ziemlich sicher, dass eure Ehe nicht mehr zu retten ist, doch etwas hält dich trotzdem davon ab, dich zu trennen – die Kinder, finanzielle Unsicherheiten, die Angst vor dem Alleinsein oder die Sorge, was dein Umfeld zu einer Scheidung sagen würde. Auch hier steht dir dieses Buch zur Seite.
Als Scheidungsanwältin, Coach und Mediatorin bin ich mit all den beschriebenen Situationen und Gefühlslagen bestens vertraut. Ich habe unzählige Menschen begleitet, die genau die gleichen Fragen, Ängste und Zweifel hatten, die dich gerade umtreiben, und kenne sie als geschiedene Frau und Mutter eines Sohnes auch aus eigener Erfahrung. Egal, an welchem Punkt in deiner Ehe du stehst, ich helfe dir, die für dich richtige Entscheidung zu treffen, und begleite dich auf deinem Weg – entweder, um deine Beziehung auf neue Füße zu stellen, oder damit du dich erfolgreich und ohne Scherben trennen kannst.
Dieses Buch ist also weder ein klassischer Scheidungsratgeber, noch verbreitet es »Trennungspropaganda«. Es soll dir als Kompass dienen,

um die Frage »Gehen oder bleiben?« überlegt und entschieden zu beantworten und dann die entsprechenden Schritte in ein glücklicheres Leben zu gehen.

Die Frage, ob man sich trennen soll, ist häufig mit einem langen, nervenaufreibenden Prozess verbunden, der uns herausfordert, genauer hinzuschauen: Was genau läuft da eigentlich schief in meinem Leben, was stört mich, was hat mein Partner damit zu tun und wofür bin ich selbst verantwortlich? Oft geht mit diesen Fragen auch ein großes emotionales Chaos einher – unterschiedlichste Gefühle wechseln einander ab, manches vermischen wir, was nicht zusammengehört, und bei anderen Dingen sehen wir Zusammenhänge nicht. Es ist schwer, inmitten dieses Wirrwarrs herauszufinden, was wir wirklich wollen und wer wir selbst sind – mit allen Bedürfnissen, Wünschen, Stärken, Schwächen und Mustern.

Genau hier setzt dieses Buch an. Es hilft dir, Struktur in das Chaos zu bringen, zur Ruhe zu kommen und deine Situation nüchtern zu betrachten. In seinem Aufbau orientiert es sich an einem tatsächlichen Scheidungsprozess – es holt dich an dem Punkt ab, wo dir grundlegende Zweifel an deiner Ehe kommen, und begleitet dich gegebenenfalls bis zu der Zeit nach der Scheidung.

Im ersten Teil bist du eingeladen, eine Bestandsaufnahme zu machen, mit etwas Abstand einen Blick auf dich und dein Leben zu werfen und zu schauen, ob du magst, was du da siehst. Du kannst prüfen, wie stabil oder instabil das Fundament deiner Ehe noch ist und welche Ängste oder Befürchtungen dich womöglich vor einer Trennung zurückschrecken lassen. Da du bei dem Gedanken an eine Scheidung auch rechtlich schon so früh wie möglich Bescheid wissen solltest, gehört an diese Stelle auch ein Kapitel über die Erstberatung beim Anwalt, damit du eine erste Idee davon bekommst, welche Ansprüche, Rechte und Pflichten du im Falle des Falls hättest.

Es gibt Menschen, die versuchen, eine solch große Entscheidung wie eine Trennung allein mit dem Verstand zu treffen – nur um dann in endlosen Grübelschleifen hängen zu bleiben. Die Antwort auf die Frage, ob du dich trennen oder bleiben sollst, findest du nicht allein mit dem Kopf, dafür musst du auch ins Fühlen kommen: in Kontakt mit deinen Wünschen, deinen Bedürfnissen und deinen Ängsten. Und das braucht Zeit. Im realen Leben hat der Gesetzgeber dafür das sogenannte Trennungsjahr geschaffen, das dazu dient, auszuloten, ob die Beziehung wirklich endgültig zerbrochen ist.

Ich lade dich in Teil zwei ein, dir ebenfalls Zeit zu nehmen, um das, was dich prägt, was dein Denken und deine Entscheidungen beeinflusst, besser kennenzulernen: deine Gefühle, deine tiefen Überzeugungen, die Dinge, die du an dir ablehnst, und die Stärken, die in dir schlummern. Und wir gehen noch einen Schritt weiter: Ich gebe dir Hilfsmittel an die Hand, um aus undienlichen Denk- und Verhaltensmustern auszusteigen, zu erkennen, wo deine Anteile am Misslingen der Beziehung liegen, und mit diesen Herausforderungen konstruktiver umzugehen. Egal, ob du dich am Ende trennst oder mit deinem Partner zusammenbleibst – diese intensive innere Arbeit verschafft dir das richtige Mindset für eine glücklichere und unbeschwertere Zukunft.

Viele meiner Mandanten gelangen so zu erstaunlichen Erkenntnissen über sich und ihre Ehe. Manche verstehen, dass nicht die Beziehung das Problem ist, sondern dieses ganz woanders liegt. Andere spüren dadurch endlich den Mut und die Klarheit, um sich aus ihrer Ehe zu lösen. Doch so oder so wird allen klar: Die Hoffnung, dass mit dem nächsten Partner alles anders wird, ist ein Trugschluss, solange du dich nicht auch selbst veränderst.

Möglicherweise bist du, nachdem du diese innere Arbeit geleistet hast, erst recht sicher, dass die Trennung der richtige Weg für dich ist. Dann versorge ich dich in Teil drei mit wichtigen Informationen rund um den Scheidungsprozess. Hier geht es um den rechtlichen und organisatorischen Ablauf einer Scheidung und um die vielen Irrtümer, die zu diesem Thema im Umlauf sind. Daneben geht es um die Frage, die mir als Anwältin und Mensch am meisten am Herzen liegt: Welche Art von Scheidung willst du: eine Scheidung ohne Scherben oder einen Rosenkrieg?

Ich bin mittlerweile überzeugt davon, dass das traditionelle Scheidungsverfahren in vielen Fällen nicht mehr zeitgemäß ist. Es fördert oft Konflikte statt Lösungen, kostet viel Zeit, Geld und Nerven und am Ende gewinnt nur einer: der Anwalt. Dabei sollte es eigentlich darum gehen, die Ehe gemeinsam auseinanderzusetzen, statt gegeneinander zu kämpfen.

Daher stelle ich dir alternative Verfahren und Modelle vor, die auf Kooperation, Mediation und gegenseitigen Respekt setzen. Denn eine faire Trennung ist nicht nur möglich, sie ist auch der beste Start in ein neues Leben – für dich und deinen Ex-Partner.

Eine Trennung ist ein Neuanfang, aber auch eine Zeit voller Herausforderungen. Im vierten Teil des Buches, wo es um die Zeit nach der Scheidung geht, beleuchten wir beides: in was für Stolperfallen du nach der Trennung tappen kannst und wie viel Potenzial sie daneben auch birgt – Potenzial, um endlich das Leben zu leben, das du wirklich leben willst. Hier geht es darum, wie du alte Muster überwinden lernst und eine neue Beziehung zu dir selbst und anderen aufbaust; was du an emotionalem Gepäck aus der alten Beziehung mitnehmen willst und was du besser zurücklässt. Und schließlich, wie du dich für das Neue in deinem Leben öffnest und es willkommen heißt.

Schon jetzt bist du einen wichtigen Schritt gegangen, vielleicht sogar den wichtigsten. Ich freue mich, dich auf deinem weiteren Weg begleiten zu dürfen, und hoffe, dass das Wissen, die Impulse und auch manche schmerzhafte Erkenntnis, die du auf den folgenden Seiten gewinnen wirst, dich mehr zu dem Menschen machen, der du wirklich sein möchtest, und dich zu dem Leben finden lassen, das dich glücklich macht. Nimm die Herausforderung an!

TEIL 1

KLARHEIT FINDEN

Mal ganz nüchtern: Wo stehst du gerade?

Kennst du das? Die Frage, ob du dich scheiden lassen sollst, wiegt schwer. Sie wird begleitet von einem endlosen gedanklichen Hin und Her: Du springst von Vorwürfen zu Selbstvorwürfen, von Schuldgefühlen zu Erklärungsversuchen und vergräbst dich in Zweifeln an deinem Partner und an dir selbst. An einem Tag erscheint dir die Trennung als der einzig sinnvolle Weg, am nächsten Tag möchtest du der Beziehung noch eine Chance geben. Am dritten meinst du, wegen der Kinder sowieso nicht gehen zu können. Häufig wirbeln Wut, Enttäuschung, Ohnmacht und Ratlosigkeit in dir durcheinander. Das zehrt an den Kräften.

Meist fehlt in diesem Zustand vor allem eines: Klarheit.

Vielleicht kennst du das Bild, in dem unser Geist mit einem aufgewühlten See verglichen wird. Wenn das Wasser tobt, können wir nicht hindurchschauen – alles ist nebelig und trüb. Genauso verhält es sich mit einem unruhigen Geist: Inmitten von Chaos und emotionalen Stürmen kannst du weder dich selbst noch dein Gegenüber oder die Gesamtsituation klar erkennen. Dabei ist genau das so wichtig.

Um eine tragfähige Entscheidung treffen zu können, musst du daher innehalten und die »aufgewühlten Wasser« sich setzen lassen. Nur so kannst du deutlich sehen, wo du stehst, was du willst und welche Richtung dein Leben nehmen soll.

In diesem ersten Teil des Buches geht es genau darum: einen Schritt zurückzutreten, deine Gedanken zu ordnen, deine Gefühle anzuerkennen – und deine Situation nüchtern und ehrlich zu betrachten. Damit du zu einer Entscheidung kommst, die für dich stimmt.

1. DEIN STATUS QUO: WIE SIEHT DEIN LEBEN AUS?

Stell dir vor, du sitzt bei einem Cappuccino in deinem Lieblingscafé und plötzlich geht die Tür auf und deine beste Freundin aus Schulzeiten kommt herein. Ihr habt euch, warum auch immer, seit eurem Abschluss nicht mehr gesehen, obwohl ihr seinerzeit eng befreundet wart. Die Überraschung ist groß, die Freude noch größer. Spontan nehmt ihr euch den Rest des Tages frei, um euer Wiedersehen zu feiern. Es gibt so viel zu erzählen, so viele Fragen, die ihr euch gegenseitig stellen wollt. Natürlich möchtest du wissen, wie es deiner Freundin ergangen ist, was sie all die Jahre erlebt hat. Was für ein Leben sie heute führt. Ob sie glücklich ist. Und selbstverständlich will sie dasselbe auch von dir erfahren. Früher habt ihr viel Zeit damit zugebracht, euch auszumalen, was ihr mal werden wollt und wie eure Zukunft aussehen könnte. Jetzt möchte sie wissen: Welche dieser Träume hast du verwirklicht? Wie hat sich dein Leben entwickelt?

Die eigene Situation von außen zu betrachten, kann zu aufschlussreichen Erkenntnissen führen.

Was würdest du deiner Freundin erzählen?
Du bist verheiratet, so viel ist klar. War das schon immer dein Traum oder hat es sich einfach ergeben? Vielleicht aus rationalen Gründen? Habt ihr Kinder, du und dein Partner? Wenn ja, wie viele? Wie alt sind sie, was treiben sie so und wer kümmert sich um sie? Du, dein Partner oder teilt ihr das gleichmäßig auf? Wo lebst du, in der Stadt, auf dem Land? In einem Haus, in einer Wohnung?
Und wie sieht es beruflich bei dir aus? Hast du eine Ausbildung gemacht, studiert? Arbeitest du? Wenn ja, was genau tust du? Gehst du dem Beruf nach, den du gelernt hast, oder hat sich dein Weg in eine

andere Richtung entwickelt? Vielleicht machst du etwas, das du dir damals nie hättest vorstellen können?
Lauter Fragen, deren Antworten niemand so gut kennt wie du. Trotzdem hat es eine Wirkung, sich diese Fakten, aus denen sich dein Leben zusammensetzt, einmal bewusst vor Augen zu führen. Im Trubel des Alltags nehmen wir dieses Gerüst unseres Lebens meist als so selbstverständlich hin, dass wir es kaum je infrage stellen oder uns klarmachen, dass es auch anders aussehen könnte.

Bist du bereit, auch das zu hinterfragen, was »gegeben« und unveränderlich erscheint?

Apropos Alltag – wie sieht der bei dir aus? Hast du viel um die Ohren, bist du neben Partnerschaft, Familie und Arbeit noch anderweitig eingespannt? Gibt es Eltern, die zu pflegen sind, hast du Ehrenämter, denen du nachgehst, oder andere Aufgaben, die dich fordern?
Und wie sieht es mit deinem Sozialleben aus, hast du einen großen Bekanntenkreis oder pflegst du lieber ein paar wenige, intensive Freundschaften? Vielleicht fehlt dir auch für beides die Zeit? Verbringst du viel Zeit mit anderen, gehst du aus oder genießt du lieber ruhige Stunden zu Hause oder in der Natur? Gibt es Hobbys, die dir wichtig sind und für die du dir bewusst Zeit nimmst oder gern nehmen würdest? Was tust du, wenn du nicht irgendwo eingespannt bist?
All diese Fragen haben vor allem eines zum Ziel: Sie sollen dir helfen, dir dein Leben bewusst vor Augen zu führen.
Wenn du die Schwierigkeiten in deiner Ehe so gut wie möglich außen vor lässt – ist dies das Leben, das du führen willst? Das dir und deinem Wesen entspricht? Oder stimmt hier manches oder vieles eigentlich gar nicht für dich, Umstände und Gegebenheiten die du normalerweise nicht weiter hinterfragst, »weil sie eben so sind«?

Dieser Blick mit Abstand, so, als würden wir unser Leben durch die Augen einer Freundin sehen, kann wertvolle Einsichten und Erkenntnisse zutage fördern.
Unser Weg verläuft selten so, wie wir es uns als Jugendliche ausgemalt haben. Und oft ist das gut so. Wir wachsen, entwickeln uns weiter und manchmal passen unsere Träume von damals nicht mehr zu dem Menschen, der wir heute sind. Die entscheidende Frage ist: Wie zufrieden bist du mit dem Leben, das du führst? Macht es dich glücklich, erfüllt es dich?
Lass uns, nachdem wir uns mit den äußeren Rahmenbedingungen beschäftigt haben, daher nun dein inneres Erleben in den Blick nehmen. Wie ist es hier um deine Zufriedenheit und Erfülltheit bestellt? Hast du das Gefühl, du bist »angekommen« in deinem Leben?

AUF DEM WEG ZU MEHR GEFÜHLSKLARHEIT

So merkwürdig es klingen mag – viele Mandanten, die zu mir kommen, spüren zwar, dass sie unglücklich oder unzufrieden sind, doch woher dieses Gefühl konkret rührt, können sie nicht sagen. Irgendetwas wird es wohl mit dem Partner oder ihrer Ehe zu tun haben, da sind sie sicher. Aber was? Und würde eine Trennung dieses ungute Gefühl tatsächlich zum Verschwinden bringen? Oder würde eine solche sie im Gegenteil noch weiter ins Unglück treiben, weil die Beziehung in Wahrheit eine der wenigen guten Sachen in ihrem Leben ist? Wäre es also vielleicht klüger und richtiger, an einer anderen Stellschraube in ihrem Alltag zu drehen?
Wenn auch du in dieser Hinsicht unsicher bist, können dir die folgenden Fragen zur deiner emotionalen Balance und Erfüllung im Alltag mehr Klarheit bringen. Sie sind nicht als Psychotest zu verstehen, sondern als Einladung, dein emotionales Erleben und dein soziales Wohlbefinden bewusst zu reflektieren.

Zehn Fragen zur emotionalen Balance und inneren Verbundenheit

Bitte beantworte die Fragen aus dem Bauch heraus, ohne groß darüber nachzudenken, wobei 0 für »gar nicht« und 5 für »voll und ganz« steht.

	0	1	2	3	4	5
1. Wie ausgeglichen fühlst du dich im Alltag?	☐	☐	☐	☐	☐	☐
2. Erhältst du Anerkennung für das, was du tust?	☐	☐	☐	☐	☐	☐
3. Gibt es in deinem Leben feste Strukturen oder Routinen, die dir Halt geben?	☐	☐	☐	☐	☐	☐
4. Hast du genügend Austausch mit anderen Menschen?	☐	☐	☐	☐	☐	☐
5. Erlebst du erfüllende Nähe?	☐	☐	☐	☐	☐	☐
6. Fühlst du dich geborgen und zugehörig?	☐	☐	☐	☐	☐	☐
7. Denk an die letzte Woche: Kannst du dich an Momente der Freude erinnern?	☐	☐	☐	☐	☐	☐
8. Erlebst du in deinem sozialen Umfeld ausreichend Verständnis und Unterstützung?	☐	☐	☐	☐	☐	☐
9. Ist Dankbarkeit ein Bestandteil deines Alltags?	☐	☐	☐	☐	☐	☐
10. Kannst du dein Leben nach deinen Werten und Überzeugungen gestalten?	☐	☐	☐	☐	☐	☐

Und, wie erging es dir mit diesen Fragen? Musstest du länger überlegen, wo du dein Kreuzchen setzt, oder sind dir die Antworten leichtgefallen? Was machen diese Bewertungen mit dir? Haben die Fragen vielleicht den einen oder anderen neuralgischen Punkt berührt, der dir schon länger zu schaffen macht?

Es liegt nun natürlich nah, dir die verschiedenen Spalten anzusehen und zu prüfen, in welcher oder welchen du dich am häufigsten verortet hast. Tendiert ein Großteil deiner Antworten Richtung »voll und ganz« oder eher Richtung »gar nicht«? Oder liegst du bei allem mehr oder weniger im Mittelfeld? So eine grobe Einordnung gibt dir einen ersten Überblick, wie stark oder schwach deine emotionale Lebenszufriedenheit derzeit ausgeprägt ist. Vielleicht nickst du bei dem Ergebnis mit dem Kopf, vielleicht bist du aber auch überrascht.

In einem weiteren Schritt kannst du dir ansehen, bei welchen Fragen sich Ausreißer nach oben oder unten finden. Jede der zehn Fragen beleuchtet einen spezifischen Aspekt deiner emotionalen Balance und deines Wohlbefindens im Alltag. Nimm dir einen Moment Zeit, deine Antworten zu reflektieren. Welche Bedürfnisse sind dir besonders wichtig? In welchem Ausmaß sind sie erfüllt oder nicht erfüllt?

Probleme lassen sich nicht lösen, wenn wir ihre Ursache nicht erforscht haben.

Achtung! Bitte tapp bei deinen Überlegungen nun nicht in die Falle, in den Bereichen, wo du dein Kreuz bei der 0 oder 1 gesetzt hast, etwas »verbessern« zu wollen. So ungewohnt, wie das in unserer »Optimierergesellschaft« sein mag – hier geht es erst einmal nicht darum, etwas zu verändern (das kannst du noch früh genug tun), sondern nur darum, zu erforschen, weshalb du die jeweilige Frage so und nicht anders beantwortet hast. Geh in dich. Befrag dich selbst, finde Beispiele, Situationen und Lebensbereiche, die dich zu deiner Antwort bewogen haben. Je mehr du über dieses Gefühl und woher es kommt herausfindest, desto besser.

Wir sind meist so schnell dabei, Unangenehmes weghaben zu wollen, dass wir uns oft gar nicht die Zeit nehmen, es erst einmal wirklich zu verstehen, seinen Ursprung, seine Daseinsberechtigung. Du kannst dich auch fragen, ob du dieses Gefühl schon lange von dir kennst oder ob es neu ist. Ob es nur im Zusammenhang mit bestimmten Personen oder Situationen auftritt.

Tiefer liegende Probleme lassen sich nicht lösen, wenn wir sie nicht zuvor genau betrachtet und verstanden haben. Wie das konkret funktioniert, wie wir uns selbst positiv entwickeln und unsere Umgebung unseren Bedürfnissen anpassen, dazu kommen wir im zweiten Teil. Fassen wir noch einmal zusammen: Du hast dir nun dein Leben, wie es gerade ist, vor Augen geführt und dir mithilfe von verschiedenen Fragen angeschaut, wie du dich in diesem Leben fühlst. All das sind wichtige Schritte, die du zu gehen hast, wenn du in deiner Beziehung in der Frage »Gehen oder bleiben?« zu einer klaren Entscheidung kommen willst. Auf dieser Grundlage lade ich dich im nächsten Kapitel nun ein, einen weiteren Schritt zu tun, indem du den Blick konkret auf deine Beziehung richtest und herausfindest, wie es darum bestellt ist.

Manchmal muss man loslassen,
um Platz für Neues zu schaffen.

Meine Zukunftsträume als Jugendliche

Kannst du dich noch daran erinnern, wie du dir deine Zukunft vorgestellt hast, als du 14 warst?
Also ich kann das noch sehr gut. Ich wollte in einem hübschen Haus mit einem wunderschönen Garten und einem Gartenzaun drum herum leben. Meine beste Freundin sollte neben mir wohnen.
Wir beide wollten großartige – und natürlich sehr gut aussehende – Männer und reizende Kinder haben und jede einen Hund.
Morgens, so stellten wir uns vor, würden wir uns gut gelaunt vor der Tür begrüßen, wenn wir unsere Männer zur Arbeit verabschiedeten. Den Tag würden wir dann mit Kochen, dem Haushalt und der Betreuung der Kinder verbringen. Und zwischendurch würden wir uns natürlich regelmäßig zu Kaffee und Kuchen treffen und abends, gemeinsam mit unseren Familien, zum Grillen.

Dass in meiner Vorstellung keine rosa Wölkchen über dieser grenzenlosen Idylle schwebten, war auch alles.
Wie es dann in Wahrheit bei mir gekommen ist?
Gestartet bin ich mit der Umsetzung meines Lebenstraums recht ähnlich, wie ich es mir erhofft hatte. Den Wunsch nach einem Hausfrauendasein hatte ich in der Zwischenzeit zwar aufgegeben, aber ich hatte einen tollen Mann kennengelernt und ihn geheiratet. Er war 27 und stand schon in Lohn und Brot, als wir uns kennenlernten. Ich war 23 und in den Endzügen meines Jurastudiums, kurz vor dem Referendariat. Wir heirateten, als ich 28 Jahre alt war, und mit 29 wurde ich Mutter von meinem Sohn. Perfekt.
Und dann? Nach Jahren der Ehe hat sich klammheimlich eine Art Ernüchterung bei uns eingeschlichen und die Liebe ging uns verloren. Wir mussten erkennen, dass Entwicklungen im Leben unterschiedlich sein können und Vorstellungen von der Zukunft nicht immer übereinzubringen sind, auch wenn sie es einst waren. Ich wollte zum Beispiel ganz schlicht einen Bausparvertrag und eben auf mein erträumtes Haus mit Garten hin sparen. Mein Ex-Ehemann, der großartige Werte hatte und hat, war zufrieden mit dem, was er hatte. Das ist er bis heute. Die Entwicklung, die ich mir wünschte, konnte und wollte er nicht mitmachen, und das war ganz in Ordnung so, wie ich schließlich auch erkannte.
So wurde es irgendwann Zeit für mich, diese Beziehung gehen zu lassen, auch wenn es ganz furchtbar wehtat und mein Ex-Mann und ich uns am Tag seines Auszuges weinend in den Armen lagen. Mit 36 Jahren war ich dann eine geschiedene Frau und Mutter eines damals sechs Jahre alten Sohnes.
Aber wir haben uns nur als Paar getrennt – gemeinsame Eltern sind wir geblieben, bis heute.

Neue Wege entstehen, indem wir sie gehen.

2. DIE SIEBEN SÄULEN EINER BEZIEHUNG – UND WELCHE BEI DIR WACKELN

Ich werde oft gefragt, was der häufigste Grund ist, aus dem sich Menschen scheiden lassen. Nach meiner Erfahrung hängt die Antwort vom Geschlecht ab. Bei Männern liegt es meist an einem erloschenen Liebesleben und fehlender Nähe in der Ehe, Frauen beklagen eher das Gefühl, nicht mehr gesehen und wertgeschätzt zu werden.

Natürlich gibt es viele weitere Gründe, weshalb Beziehungen scheitern – Untreue, endlose Streitereien und die Erkenntnis, sich auseinandergelebt zu haben etwa. Die meisten dieser Gründe sind uns allen wohl hinlänglich bekannt. Doch statt uns hier auf das Scheitern zu konzentrieren, drehen wir die Frage doch einmal um: Aus welchen Gründen bleiben Menschen zusammen? Was macht eine Ehe glücklich und stabil?

Häufig wird von bestimmten »Säulen« gesprochen, die eine Ehe tragen müssen und ohne die ihr Fundament ins Wanken gerät. Nach meiner Einschätzung sind es vor allem die folgenden sieben Aspekte oder Säulen, die für ein glückliches und dauerhaftes Miteinander gegeben sein müssen: *Vertrauen, Respekt, Kommunikation, Intimität, Unterstützung, Gemeinsamkeiten, Selbstentfaltung.*

Wie steht es darum in deiner Ehe? Lass uns diese Säulen einmal genauer betrachten – bestimmt kannst du dadurch Rückschlüsse auf den Zustand deiner eigenen Beziehung ziehen.

DIE GLORREICHEN SIEBEN

1. Vertrauen: »Vertrauen ist der Anfang von allem« lautete einst ein bekannter Werbeslogan. Und es stimmt. Vertrauen ist das Fundament einer jeden Beziehung. Vertrauen heißt, ich kann mich darauf verlassen, dass mein Partner ehrlich zu mir ist. Dass er es gut mit mir

meint. Echtes, tiefes Vertrauen braucht Zeit, um zu wachsen. Es entsteht, wenn sich unser Gegenüber über einen langen Zeitraum ehrlich, verlässlich und transparent zeigt. Einmal gebrochen, ist es schwer und manchmal unmöglich, Vertrauen wiederherzustellen. Daher ist es wichtig, es gut zu pflegen.
Wie sieht es bei euch aus? Kannst du deinem Partner voll und ganz vertrauen? Oder ist gerade ein Vertrauensbruch der Grund für deine Trennungsabsichten?

2. Respekt: Respekt bedeutet, die Individualität, die Ansichten, Wünsche, Bedürfnisse und auch die Grenzen des Partners zu achten. Doch gerade in langen Beziehungen schleicht sich da oft eine gewisse Nachlässigkeit ein. Irgendwann hält man den Partner für selbstverständlich und ignoriert seine persönlichen Grenzen, wenn es um die Erfüllung der eigenen Bedürfnisse geht. Das hat fatale Folgen für die Beziehung, denn auf Dauer lässt sich das (fast) niemand gefallen.
Immer wieder habe ich erlebt, wie Menschen plötzlich »aufgewacht« sind, als ihr Partner sich – nachdem sie ihm jahrelang mit Geringschätzung begegnet sind – verabschiedet hat. Die Reue ist dann oft groß, doch kommt leider zu spät.
Ist der Respekt in eurer Beziehung noch vorhanden? Oder spürst du, dass die Wertschätzung schwindet?

3. Kommunikation: Eine der wichtigsten Säulen einer Beziehung ist die Kommunikation. Wird sie nicht hinreichend gepflegt, kann sie zur Schwachstelle werden, die alles ins Wanken bringt. Dabei geht es nicht um alltägliche Absprachen, sondern um etwas Tiefergehendes: den Austausch über Gedanken, Gefühle, Wünsche, Ängste und Bedürfnisse. Echte Kommunikation bedeutet, ehrlich und offen zu sprechen – und gleichzeitig aufmerksam, empathisch und interessiert zuzuhören.
Wann habt ihr euch zuletzt über eure Ängste, Wünsche und Bedürfnisse ausgetauscht? Weißt du, was deinen Partner gerade beschäftigt?

4. Emotionale und körperliche Nähe: Keine Frage, eine Beziehung braucht Nähe – emotional und körperlich. Der Wunsch nach Intimität mag unterschiedlich stark ausgeprägt sein, doch das Gefühl von Verbundenheit, Liebe und Zugehörigkeit ist für uns alle essenziell. Nähe entsteht, wenn wir uns unserem Partner gegenüber verletzlich zeigen und tiefe Gefühle miteinander teilen.
Wie ist das bei euch? Spürt ihr noch diese besondere Verbindung zueinander? Oder fühlt ihr euch allein, obwohl ihr zusammen seid?

5. Unterstützung: In guten wie in schlechten Zeiten – zu einer starken Partnerschaft gehört, dass man füreinander da ist. Man unterstützt sich emotional, durch Gespräche oder auch ganz praktisch, um Ziele zu erreichen und Träume zu verwirklichen. Wenn einer von euch Herausforderungen oder einen Schicksalsschlag zu meistern hat, steht der andere ihm bei. Unterstützung bedeutet, das Gefühl zu haben: Ich bin nicht allein.
Gibt es bei euch noch diesen Zusammenhalt? Oder fühlt ihr euch allein mit euren Sorgen und Nöten?

6. Gemeinsamkeiten: Gemeinsamkeiten kann man auf vielen Ebenen haben: geteilte Hobbys, gleiche Werte, gemeinsame Lebensziele oder einfach eine ähnliche Art, auf die Welt zu blicken. Doch Gemeinsamkeiten gehen über bloße Ähnlichkeiten hinaus – sie schaffen ein Gefühl von Zugehörigkeit und Verstehen. Natürlich müssen Partner nicht in allem übereinstimmen – Unterschiede bereichern, inspirieren und fördern Wachstum. Aber eine Beziehung braucht eine gewisse Schnittmenge, ein »Wir«, das trotz aller Unterschiede Bestand hat.
Was verbindet euch? Und hast du das Gefühl, dass euch diese Gemeinsamkeit noch trägt?

7. Freiheit und Selbstentfaltung: Das Gegenstück zu Nähe und Geborgenheit ist unser Bedürfnis nach Freiheit und Autonomie. Darf

dein Partner seinem Hobby nachgehen, alte Freunde treffen oder beruflich neue Wege gehen, ohne dass du dich ausgeschlossen fühlst? Und gestattest du dir dasselbe, ohne dich schlecht zu fühlen?
Eine gute Beziehung gibt beiden Partnern den Raum, sich weiterzuentwickeln. Dabei bedeutet Autonomie nicht, sich voneinander zu entfernen, sondern die Freiheit zu haben, eigene Interessen zu entdecken, Leidenschaften zu entfalten und neue Erfahrungen zu sammeln. Denn wer sich selbst entfaltet, bringt neue Energie und Perspektiven in die Partnerschaft ein – und genau das hält sie lebendig.
Wie steht es bei euch um die Balance zwischen Nähe und Freiheit?

Diese sieben Säulen sind meiner Erfahrung nach essenziell für eine stabile und erfüllte Partnerschaft – auch wenn sie, je nach Beziehung, unterschiedlich stark ausgeprägt sein können.

Erkenntnis ist der Moment, in dem das, was wir wissen, mit dem, was wir fühlen, in Einklang kommt.

Hast du dich in diesen Ausführungen wiedergefunden? Und ist dir bewusst geworden, welche der Säulen bei euch noch stabil stehen, welche erste Risse zeigen und welche vielleicht schon wanken?
Je nüchterner du den Zustand deiner Ehe betrachten kannst, desto besser bist du in der Lage, eine Entscheidung zu treffen. Solltest du das Gefühl haben, dass alle Säulen brüchig sind, könnte es schwer werden, das Fundament deiner Ehe wieder tragfähig zu machen – vielleicht ist dann eine geordnete Trennung der richtige Weg. Doch möglicherweise ist dir beim Lesen auch aufgefallen, wie viele Bereiche bei euch doch noch überraschend standfest sind. Vertrauen, gemeinsame Werte oder ähnliche Lebensziele nehmen wir oft als selbstverständlich hin, obwohl sie die Basis jeder langfristigen Partnerschaft bilden. Vielleicht erkennst du, dass es letztlich »nur« der fehlende Funke im

Liebesleben ist oder ein Hauch von Abenteuer, den du vermisst. Ist es dann nicht einen Versuch wert, gemeinsam daran zu arbeiten? Selbst wenn frühere Anläufe gescheitert sind – es gibt heute so viele hervorragende Hilfsangebote, von Paartherapie über Coaching bis hin zu jeder Menge guter Ratgeberliteratur. Womöglich habt ihr nur noch nicht die Methode gefunden, die für euch passt. Denn falls sich das nicht von selbst versteht: Keine Beziehung funktioniert dauerhaft ohne Arbeit. Die Bereitschaft, sich mit dem Partner auseinanderzusetzen, sich (gemeinsam) weiterzuentwickeln, auf den anderen einzugehen und ja, auch mal zurückzustehen oder Kompromisse zu schließen, gehört zu einer Ehe dazu. Das gilt selbstverständlich für beide Partner.

WIE KANNST DU IN EURE BEZIEHUNG INVESTIEREN?

Wenn eure Beziehung derzeit nicht rundläuft, bedeutet das also nicht automatisch, dass ihr euch trennen müsst.
Ich als Scheidungsanwältin habe den Eindruck, dass manche Ehen zu früh und zu leichtfertig aufgegeben werden. Andere wiederum zu spät. Aber wann ist der richtige Zeitpunkt? Wenn du Trennungsgedanken hegst, solltest du es jedenfalls nicht verpassen, noch einmal in eure Verbindung zu investieren: Welche Schritte könntest du unternehmen, um die bröckelnden Säulen wieder zu festigen?
Solltest du schon vieles versucht haben und klar wissen, dass eure Beziehung nicht mehr zu retten ist, dann überspring bitte den Rest des Kapitels. Doch du wärest überrascht, wie viele Menschen mit einem Scheidungswunsch zu mir kommen, obwohl sie sich bisher gar nicht ernsthaft darum bemüht haben, das Ruder in ihrer Beziehung noch einmal herumzureißen. Bevor du eine endgültige Entscheidung triffst, frag dich daher: Habe ich wirklich alles getan, um den Zusammenhalt zwischen uns wieder zu stärken?

Lass dich von den folgenden Fragen inspirieren, dein Verhalten in der Beziehung konstruktiv zu reflektieren:

- Wann habe ich mit meinem Partner das letzte Mal offen und ehrlich über meine Gefühle gesprochen?
- Und wann hat er mir sein Herz geöffnet? Welche Voraussetzung kann ich dafür schaffen, dass er das tut? Was braucht er dafür?
- Wie gehe ich mit Meinungsverschiedenheiten um? Kann ich es aushalten, dass mein Partner die Dinge anders sieht als ich?
- Bringe ich meinem Partner die Liebe und Wertschätzung entgegen, die ich mir selbst von ihm wünsche?
- Welche meiner Verhaltensweisen oder Einstellungen könnten unsere Beziehung belasten?
- Erkennen wir gegenseitig unsere Anstrengungen und Erfolge an – auch die kleinen im Alltag?
- Haben wir gemeinsame Rituale, die uns als Paar stärken?
- Gibt es bei uns ungelöste Themen, die immer wieder für Streit sorgen? Was wäre ein erster Schritt, um diese Themen anzugehen?
- Habe ich Wünsche in Bezug auf unser Liebesleben, von denen mein Partner noch nichts weiß? Wie könnte ich ihm davon erzählen?
- Was könnten wir tun, um uns gegenseitig besser zu entlasten und zu unterstützen?
- Sage ich meinem Partner, was ich an ihm schätze?
- In welcher Situation habe ich meinem Partner zuletzt den Rücken gestärkt?
- Welche eine Sache wollten mein Partner und ich schon ewig mal gemeinsam machen?
- Was bedeutet für uns als Paar Quality Time und wie können wir mehr davon in unser Leben bringen?

- Wie können wir uns gegenseitig ermutigen, unser volles Potenzial zu entfalten, während wir als Paar verbunden bleiben?
- Was bedeutet Loyalität für uns beide und wie können wir sie füreinander stärken?

Vielleicht gibt es neben dem, was wir hier besprochen haben, noch ganz andere Aspekte, die in deinem Beziehungsleben eine Rolle spielen. Nimm dir Zeit, um in dich zu gehen und herauszufinden, was für dich persönlich wichtig ist. Was ist in deiner Ehe ein Must-have, was ein No-go? Was braucht deine Ehe, um zu erblühen?
Humor zum Beispiel ist in vielen Beziehungen ein ganz zentrales Verbindungsglied, doch erstaunlicherweise nicht in allen, daher habe ich ihn nicht in die Liste mit den Säulen aufgenommen.
Apropos Humor: Auch einen Trennungsgrund habe ich nicht erwähnt, obwohl er mir erschreckend oft begegnet, doch im ersten Moment klingt er eher wie ein schlechter Scherz: die Körperhygiene. Die lässt bei zunehmender Ehedauer wohl nämlich bei manch einem zu wünschen übrig. Das klingt vielleicht lustig, ist für die Betroffenen aber bitterer Ernst.

Wenn die Liebe überdauern soll,
musst du sie jeden Tag neu wählen und pflegen.

Ich hoffe, dieses Kapitel hat dir geholfen zu sehen, in welchen Bereichen eure Beziehung noch intakt ist und in welchen Bereichen sich mögliche Sollbruchstellen befinden. Ob du willens bist, Mühe und Zeit zu investieren, um das Fundament eurer Ehe wieder zu stabilisieren, kannst nur du selbst entscheiden. Aber nun hoffentlich auf fundierter Grundlage.

3. WAS HÄLT DICH ZURÜCK? GRÜNDE, DIE DAS GEHEN SCHWER MACHEN

Überraschend häufig erzählen mir Menschen in der Erstberatung, dass sie sich eigentlich schon seit Ewigkeiten von ihrem Partner scheiden lassen wollen. Doch stattdessen verharren sie Jahre oder gar Jahrzehnte in ihrer unglücklichen Beziehung. Warum? Weil sie das Gefühl haben, sich nicht trennen zu können oder zu dürfen. Die Gründe hierfür ähneln sich erstaunlich oft.

Wenn auch du schon länger über eine Trennung nachdenkst, ohne sie zu vollziehen, findest du dich vielleicht in einem oder mehreren der in diesem Kapitel beschriebenen Gründe wieder. Lass sie uns daher mal im Einzelnen unter die Lupe nehmen. Nicht, um deine Befürchtungen bezüglich einer Trennung kleinzureden, sondern um sie besser zu verstehen und vielleicht auch zu hinterfragen: Was hält dich tatsächlich fest? Ist das ein guter Grund?

Vielleicht stellst du dabei fest, dass manche deiner Überzeugungen nicht so unverrückbar sind, wie sie scheinen. Vielleicht lässt eine neue Perspektive dich die Dinge ganz anders einschätzen. Und vielleicht hilft dir dies, mutigere Entscheidungen für dein Leben zu treffen.

ABER DIE KINDER

Ich müsste mal anfangen, eine Liste darüber zu führen, wie viele Eheleute in der Erstberatung sitzen und diese mit dem Satz beginnen: »Ich habe erst jetzt einen Termin mit Ihnen ausgemacht, weil die Kinder nun (fast) aus dem Haus sind.«

Kinder sind ein verbreiteter Grund dafür, in einer Ehe zu bleiben, obwohl sie nicht mehr glücklich ist. Die Sorge, den Kindern durch die Trennung Kummer oder sogar psychischen Schaden zuzufügen, wiegt vielfach schwerer als die eigene Lebenszufriedenheit.

Doch so ehrenvoll das klingen mag – ist dieses Ausharren eigentlich eine gute Idee? Was bedeutet es für Kinder, mit Eltern aufzuwachsen, die nicht mehr zusammen sein wollen? Eltern, die nicht mehr liebevoll miteinander umgehen, die sich nicht mehr füreinander interessieren, nicht gemeinsam lachen, nicht füreinander da sind? Oder, schlimmer noch, Eltern, die sich ständig streiten, sich anschreien, sich Vorwürfe machen oder anschweigen? In solchen Familien werden Anlässe wie Geburtstage oder Feiertage, wenn Fröhlichkeit erzwungen werden soll, zur Qual.

Kinder wissen mehr, als wir denken.
Sie besitzen eine Weisheit,
die oft die unsrige übersteigt.

Mach dir klar, was du deinen Kindern antust, wenn du sie so einem Leben aussetzt. Und frag dich, was für ein Vorbild du bist, wenn du in einer solchen Beziehung bleibst. Was Kinder vorgelebt bekommen, halten sie für normal; weil sie es nicht anders kennen. Willst du das? Was bekommt dein Kind für ein Bild von Beziehung und Familie, wenn es unter diesen Umständen aufwächst?
Oder meinst du, bei euch sei das anders, weil ihr vor den Kindern die Fassade der heilen Familie wahrt und so tut, als wäre alles in Ordnung? Viele Eltern glauben noch immer, auf diese Weise könnten sie ihre Kinder vor Kummer bewahren und ihnen eine glückliche Kindheit schenken. Doch mach dir nichts vor: Kinder sind sehr sensibel und haben extrem feine Antennen, wenn es um Missstimmungen geht. Ihr müsst euch nicht anschreien oder Geschirr werfen, damit sie spüren, dass etwas nicht in Ordnung ist.
Kinder sind – viel besser, als man häufig denkt – in der Lage, auch zwischen den Zeilen zu lesen, Schwingungen aufzugreifen und dich als Elternteil zu spüren.

Und wenn du so tust, als sei alles in Ordnung, und dein Kind auf emotionaler Ebene wahrnimmt, dass es das nicht ist, kann dies bei ihm zu großer Verunsicherung und Haltlosigkeit führen.
Solltest du unglücklich in deiner Ehe sein, rate ich dir daher dringend, darüber nachzudenken, ob es nicht besser sein könnte, deinem Kind zwei zufriedene, in sich ruhende Elternteile zu bieten, die getrennt leben, anstelle eines Familienkonstrukts, welches von Streit, Ignoranz, schlechter Laune oder Vermeidung geprägt ist. Mach dir klar, dass Kinder vor allem dann glücklich sind, wenn sie glückliche Eltern haben.
Hier ein typisches Beispiel für eine Ehe, die um der Kinder willen viel zu lange fortgeführt wurde. Es steht für viele, viele andere, die mir im Laufe meines Berufslebens begegnet sind.

Als Kind denkt man,
wenn man sich einen Umhang anzieht,
kann man fliegen. Als Erwachsener weiß man,
dass man sich von Umhängen befreien muss,
wenn man frei sein will.

Die Mandantin, eine freundliche, etwas ängstliche Frau mittleren Alters, kam zu mir, um sich scheiden zu lassen, als das letzte ihrer drei Kinder fast volljährig war. Zu diesem Zeitpunkt hatte sie bereits viele unglückliche Ehejahre hinter sich. Eigentlich, so gestand sie mir, hatte sie sich schon vor langer Zeit, als die Kinder noch klein waren, von ihrem Mann trennen wollen. Doch da sie davon überzeugt war, dass es für die Kinder besser wäre, in einer »intakten« Familie aufzuwachsen, hatte sie viele bittere Jahre an der Seite eines hartherzigen, gefühlskalten Mannes zugebracht. Nachdem die Scheidung dann vollzogen war, fiel sie aus allen Wolken, als ihre mittlerweile erwachsenen Kinder sie fragten, warum sie sich denn nicht schon viel eher getrennt habe. Jahrelang hatten sie nämlich mitbekommen, wie verzweifelt und unglücklich die Mutter war, und im Stillen gehofft, dass sie sich trennen möge. Wie böse das Erwachen für meine Mandantin war, lässt sich denken. Für die Kinder war die Situation in all den Jahren so unerträglich geworden, dass sie den Kontakt zum Vater nach der Scheidung komplett abbrachen.

Stell dir vor, dein Kind wäre erwachsen
und in deiner Situation –
was würdest du ihm raten?

Meine Haltung ist in dieser Frage eindeutig: Ein Zusammenbleiben um der Kinder willen in einer ansonsten zerrütteten Beziehung nützt den Kindern gar nichts, sondern schadet ihnen sogar. Im Zweifel nützt dieses Unterfangen niemandem. Wer dauerhaft in einer warum auch immer unbefriedigenden Beziehung lebt und nichts an seiner Situation ändert, wird nämlich im besten Fall mürrisch oder unzufrieden und im schlimmsten Fall krank.

Und das sage ich, obwohl mir sehr wohl bewusst ist, dass auch eine Trennung der Eltern ein schmerzhafter Prozess für Kinder ist. Da gibt es nichts schönzureden. Das, was sich Kinder nun einmal am meisten wünschen, ist die ganze Familie glücklich vereint. (Wobei hier die Betonung auf *glücklich* liegt.)

So können Kinder in Trennungssituationen – genauso aber, wenn die Eltern unglücklich zusammen sind – unterschiedliche Belastungssymptome entwickeln. Es kann passieren, dass sie in frühkindliches Verhalten zurückfallen (beispielsweise wieder zu Bettnässern werden) oder sich im Rahmen eines Loyalitätskonflikts an einen Elternteil klammern. Es kann passieren, dass sie wieder im elterlichen Bett schlafen möchten oder an anderen Stellen weniger selbstständig den Alltag meistern als zuvor. Manchmal kommt es zu emotionalem Rückzug oder zu nicht angepasstem Sozialverhalten.

Eine kindgerechte Trennung

Zum Glück weiß man heutzutage viel darüber, was Kindern guttut und was sie brauchen, um eine Scheidung der Eltern so unbeschadet wie möglich zu überstehen. Und man weiß auch, dass eine sensibel durchgeführte Trennung keine bleibenden Schäden bei Kindern hinterlassen muss – was man vom Aufwachsen in einer jahrelang unglücklichen Elternbeziehung nicht unbedingt sagen kann.

Dass ihr euch friedlich trennt, nicht schlecht über den Ex-Partner sprecht und auch nach der Scheidung als Eltern weiter zusammensteht, ist ganz entscheidend dafür, wie gut das Kind die Trennung verkraftet. Ihr müsst es schaffen, dem Kind eure Entscheidung als eine gemeinsam getroffene zu vermitteln – egal, wie schwer das ist – und ihm klarmachen, dass es erstens rein gar nichts damit zu tun hat und sich zweitens an eurer Liebe für es nie etwas ändern wird. (Wenn du gerade vor einer Trennung mit Kind stehst: Hol dir gegebenenfalls Unterstützung. Therapeuten, Familienberatungsstellen, Wohlfahrtsverbände, Selbsthilfegruppen, Jugendämter – sie alle wissen, was du tun und worauf du achten solltest.)

Eine im Sinne der Kinder gelungene Trennung zu schaffen – das ist einer der Gründe, warum ich mich mittlerweile so engagiert für eine konsensuale Scheidung, also eine Scheidung ohne Scherben einsetze. Denn wer Kinder hat und sich trennen will, trägt eben nicht nur für das eigene Leben Verantwortung, sondern noch für weitere.

ICH KANN MIR KEINE TRENNUNG LEISTEN

Im Topranking der Gründe, warum sich unglückliche Paare nicht scheiden lassen, findet sich, wen wundert's, auch die Sorge um das liebe Geld. Die Angst vor einer finanziellen Verschlechterung nach der Scheidung hält viele davon ab, den Schritt zu wagen. Schließlich geht es nicht nur um die Liebe, sondern auch um den eigenen Lebensstandard: die Wohnung, das Auto, Urlaubsreisen, Restaurantbesuche, Hobbys – all das möchten wir verständlicherweise ungern aufgeben. Die Angst, nach einer Scheidung finanziell abzustürzen, ist in vielen Fällen aber noch wesentlich existenzieller. Frauen haben während der Ehe oft den Großteil der Kinderbetreuung und Haushaltsarbeit übernommen und dafür beruflich zurückgesteckt – mit entsprechenden wirtschaftlichen Konsequenzen. Sie sind daher trotz allem gesellschaftlichen Wandel immer noch weitaus häufiger finanziell abhängig von ihrem Ehemann als umgekehrt.

Bei einer Scheidung stellt sich dann die Frage: Wie erfolgt der Ausgleich dafür, dass die Frau ihre Erwerbstätigkeit während der Ehe hintangestellt und dem Mann den Rücken für sein berufliches Vorankommen freigehalten hat? Wie wird die Care-Arbeit honoriert? Wie wird ausgeglichen, dass in der Zeit der Ehe nur der Mann in die Rentenkasse eingezahlt hat?

Die Sorge, hier den Kürzeren zu ziehen und nach der Trennung, allzumal als Alleinerziehende, in Armut zu geraten, ist oft groß.

Das Einzige, was wir fürchten müssen,
ist die Furcht selbst.

Ich möchte das hier in aller Deutlichkeit sagen und werde im Buch noch öfter daran erinnern: Sobald Trennungsgedanken im Raum stehen, solltest du eine Rechtsberatung einholen. Vieles, wovor du dich jetzt fürchtest, stellt sich danach mit Sicherheit weitaus weniger dramatisch dar. Für Unterhaltszahlungen und Ähnliches gibt es zum Beispiel klare Regelungen. So hast du neben dem Unterhalt für die Kinder unter Umständen auch Anrecht auf Ehegattenunterhalt, der die Kosten der Lebensführung umfasst. Darüber hinaus kannst du womöglich auch Vorsorgeunterhalt geltend machen, beispielsweise in Form von Krankenvorsorgeunterhalt oder Altersvorsorgeunterhalt. Außerdem werden nach gesetzlichen Vorschriften sämtliche Rentenanrechte, die in der Ehezeit erworben wurden, hälftig geteilt. Das gilt für alles, was an Rentenpunkten in der Deutschen Rentenversicherung, in Versorgungswerken oder anderen berufsständischen Einrichtungen angespart wurde, ebenso wie für die private und betriebliche Altersvorsorge. Leider scheint dieses Wissen nicht allseits bekannt.

Misstraue Pauschalaussagen zum Thema Unterhalt.

Ich hatte schon Mandantinnen aus Ehen mit einer traditionellen Rollenverteilung, die nach Ermittlung der Unterhaltsansprüche finanziell deutlich besser dastanden als während ihrer Ehe. Häufig hatten diese Frauen in der Ehe ein vergleichsweise schmales Haushaltsgeld bekommen und wunderten sich dann über den Unterhalt, der ihnen (wenn der Mann entsprechend leistungsfähig war) nach der Scheidung zustand – vorausgesetzt natürlich, sie machten ihre Ansprüche geltend und standen dafür ein.

Es ist wichtig, zu verstehen, dass jeder Fall individuell ist und auch so angegangen werden muss. Pauschalaussagen zu Unterhalt und finanziellen Regelungen sind nicht nur irreführend, sondern auch unprofessionell. Und weil die Bekannte deiner Nachbarin angeblich so schlecht dasteht nach ihrer Scheidung, heißt das keineswegs, dass es dir genauso gehen wird.

Blättere, wenn du Lust hast, schon einmal vor zu den häufigsten Scheidungsirrtümern im dritten Teil des Buches. Du wirst mit Sicherheit an der einen oder anderen Stelle überrascht sein, welche Rechte du hast und was dir zusteht.

Von finanziellen Ängsten bei einer Scheidung sind übrigens nicht nur Frauen betroffen, auch Männer haben bisweilen damit zu kämpfen. Auch für sie bedeutet eine Scheidung nicht selten, den bisherigen

Lebensstandard herunterschrauben zu müssen. Die Kombination aus Unterhaltszahlungen, Vermögensausgleich und zusätzlichen Kosten, etwa für eine eigene Wohnung, kann gerade bei Männern, die sich im unteren Bereich des Einkommensspektrums bewegen, zu finanziellen Engpässen führen.

> Schwierige Wahrheiten zu vermeiden
> ist keine Lösungsoption.

Hier ein Beispiel: Gehen wir davon aus, ein Mann verdient 2000 € netto. Damit befindet er sich in der untersten Einkommensgruppe der Düsseldorfer Tabelle, wenn es um die Ermittlung von geschuldetem Kindesunterhalt geht. Wenn er nun nach der Scheidung Unterhalt für ein 12- bis 17-jähriges Kind zu zahlen hat, ist laut Düsseldorfer Tabelle (Stand 1.1.2025) ein Betrag in Höhe von 521,50 € monatlich als Kindesunterhalt fällig. Damit verbleibt ihm selbst noch ein Einkommen von 1478,50 € monatlich. Noch dazu kommt, dass solch ein Vater ja, wenn es gut läuft, auch selbst Betreuungsunterhalt leistet, indem das Kind auch bei ihm ist, womöglich zu einem Betreuungsanteil von 40 Prozent. (Zum Glück ist sich der Gesetzgeber dieses Missstands bewusst und arbeitet an einer Unterhaltsreform.)
Die öfter zu hörende Sorge von Männern, dass ihre zukünftige Ex-Frau sich nun zurücklehnen könne, weil sie finanziell ausgehalten werde, ist umgekehrt allerdings auch unbegründet. Im ersten Trennungsjahr, in dem beide Partner prüfen sollen, ob sie doch wieder zueinander finden oder nicht, gibt es noch eine Art Schutzglocke über der Ehe. Das heißt, in dieser Zeit soll sich auch für die gegebenenfalls weniger verdienende Frau finanziell nicht viel ändern. Danach aber, gerade mit zunehmendem Alter der Kinder, wird hinterfragt, ob sich die Erwerbstätigkeit der Frau nicht auch ausweiten lässt. Auch die Frage der Nutzung der früheren Ehewohnung wird nach Ablauf des ersten Tren-

nungsjahres anders bewertet als zuvor. Möchte sie zum Beispiel weiterhin in der vielleicht viel zu großen Ehewohnung wohnen bleiben, die ihrem Ex-Partner gehört oder von der beide zusammen Eigentümer sind, wird ihr die objektive Marktmiete angerechnet.
Für Männer, die ihren Trennungswunsch aus wirtschaftlichen Gründen verdrängen und, was nicht selten passiert, mit dem Kopf im Sand untätig abwarten, ist der Besuch einer Rechtsberatung daher ebenfalls dringend zu empfehlen. In der Praxis ist so eine Vogel-Strauß-Haltung nämlich ein großer Fehler. Je länger die Ehezeit dauert, desto länger ist danach auch Ehegattenunterhalt zu zahlen, wenn der Anspruch dem Grunde nach besteht. Auch der Stichtag für Zugewinnausgleich und Versorgungsausgleich wird erst mit Einreichung des Scheidungsantrages gesetzt. Finanzielle Ängste aufseiten des wirtschaftlich stärkeren Partners sind also der schlechteste Grund, um noch länger zusammenzubleiben.
So oder so – lass dich rechtlich beraten, statt viel Zeit mit Spekulationen und Befürchtungen zu verbringen. Dann weißt du schnell, wo du stehst und womit du rechnen kannst.

Mit dem richtigen Mindset
kann Verzicht Freiheit und Lebensfreude
hervorbringen.

Und wo wir gerade von Zahlen sprechen: Gerade wenn nach der Scheidung finanzielle Einbußen auf dich zukommen, rate ich dir, mit einem realistischen Budget zu kalkulieren, das deine neuen Lebensumstände berücksichtigt. Welche Einnahmen beziehungsweise zusätzlichen Ausgaben hast du nach der Scheidung (Gehalt, Kindergeld, mögliche Unterhaltszahlungen)? Hast du Ersparnisse oder Vermögen? Kommt staatliche Unterstützung für dich infrage? Stell dem gegenüber, welche Ausgaben du haben wirst für Wohnen, Lebensmittel,

Kleidung, eventuell Kinderbetreuung, Rücklagen für Unvorhergesehenes und so weiter.
Bereite dich innerlich darauf vor, dass du mit der Scheidung auch ein Stück Sicherheit zurücklässt. Der Weg, der nun vor dir liegt, mag zeitweise beschwerlich sein und kostet vielleicht auch Opfer. Mein Tipp wäre daher: Sei zu Einschnitten bereit und sieh Sparen nicht als Strafe an, sondern als Schritt in Richtung Freiheit und Selbstbestimmtheit. Vielleicht kannst du dein Ausgabeverhalten umstellen, vielleicht bewusst auf einiges verzichten – das alles muss dich keinesfalls unglücklicher machen, im Gegenteil! Wenig gibt so viel Energie und Lebensfreude, wie aus einer nicht mehr glücklichen Beziehung herauszukommen. Und wie gesagt, ob überhaupt mit Einbußen zu rechnen ist, hängt vom Einzelfall und von deiner bisherigen Lebensstellung ab. Doch so oder so – wenn du finanziell abhängig warst, ist es jetzt Zeit, dein Leben selbst in die Hand zu nehmen: Wie sieht es beruflich bei dir aus? Kannst du in deinen alten Job zurückkehren oder mehr arbeiten? Kleine Schritte wie ein besser bezahlter Job oder eine Aufstockung der Arbeitsstunden können viel bewirken. Kann es dir durch Weiterbildung oder ein Studium gelingen, dich neu zu orientieren und langfristig finanziell unabhängig zu werden? Besteht gegebenenfalls sogar ein Anspruch auf Ausbildungsunterhalt gegenüber deinem Partner? Lass das prüfen! Manche dieser Schritte zahlen sich nicht sofort aus, aber es geht hier letztlich darum, langfristig zu schauen, wie du finanziell auf eigene Füße kommst. Neben Ansprüchen gegenüber deinem Ehepartner besteht ein wesentlicher Punkt in Scheidungen auch darin, in die Eigenverantwortung zu kommen.
Mein Tipp: Schäm dich nicht, vorübergehend um Hilfe zu bitten und sie auch anzunehmen – sei es von Freunden, Familie oder Beratungsstellen. Wer kann die Kinder betreuen oder dir im Haushalt helfen, damit du dich beruflich neu aufstellen kannst?
Sieh es wie ein Dominospiel: Wenn du den ersten Schritt Richtung Eigenverantwortung gehst, folgen die anderen unwillkürlich.

WENN DICH DIE ANGST VOR VERÄNDERUNG LÄHMT

»Soll das schon alles gewesen sein? Geht mein Leben nun für immer so weiter?«
Vielleicht hast du dir solche oder ähnliche Fragen auch schon gestellt. Gerade in langen Beziehungen, wenn das Feuer und die Aufregung der ersten Jahre dem Alltag mit seinen Routinen gewichen sind, können sich derartige Gedanken einschleichen.

> Wenn du dich nicht selbst ab und an überraschst, schläfst du in der Routine deines Alltags ein.

Nehmen wir an, du bist schon eine ganze Weile verheiratet. Das Haus ist gebaut, die Kinder sind aus dem Gröbsten raus, der Job läuft, der Kredit auch – das Leben hat seine Form gefunden. Jeden Morgen zur gleichen Zeit klingelt der Wecker. Du stehst auf, machst dich fertig, bestückst die Lunchboxen für die Familie, und auf geht's in den Tag. Abends kocht oder bestellt ihr etwas und danach sitzt ihr gemeinsam auf der Couch. Am nächsten Tag dasselbe, am übernächsten ebenso. Am Wochenende unternehmt ihr was mit Freunden oder besucht die Verwandtschaft, einmal im Jahr fahrt ihr für zwei Wochen an die Ostsee und Pfingsten in den Harz zum Wandern.
Es stimmt, manchmal kommt dir das alles ein wenig eintönig vor. Aber dann tröstest du dich, dass solche Gewohnheiten und Routinen ja auch etwas Gutes haben – du musst dich und dein Leben nicht mehr ständig neu erfinden; diese Struktur und Berechenbarkeit geben dir Halt und verschaffen dir Raum, um all die Dinge zu erledigen, die der Alltag eben mit sich bringt.
Klar, auch die Beziehung zu deinem Partner haut dich nicht mehr um, doch immerhin könnt ihr euch aufeinander verlassen und wisst, woran

ihr seid. Und überhaupt: Zumindest bist du nicht allein. Es ist jemand da, wenn du nach Hause kommst, abends ins Bett gehst oder morgens aufwachst. Du musst dich nicht extra verabreden, um Gesellschaft zu haben, und hast immer wen, mit dem du einkaufen, spazieren gehen oder fernsehen kannst.

Dass dieses Zusammensein nun auch noch aufregend sein soll, wäre wohl etwas zu viel verlangt. Zusammen? Ja, aber gemeinsam vielleicht nein. Und so schaut ihr meist eher auf euer Handy oder den Fernseher, statt miteinander zu reden. Wann war der letzte Abend, an dem ihr euch angeregt unterhalten habt? Muss schon eine Weile her sein. Wenn du ehrlich bist, hörst du deinem Partner eh nur noch mit halbem Ohr zu. Du weißt ja, was er sagen will.

Nach und nach, das wird dir bewusst, ist euer Leben immer langweiliger geworden und euer Horizont immer schmaler. Ihr streitet zwar nicht, aber die Leidenschaft und das Interesse füreinander sind verschwunden. In schlechten Momenten hast du das Gefühl, dass sich dein Leben immer mehr zu einem grauen, trüben Einheitsbrei entwickelt.

Aber so ist das eben, wenn man lange verheiratet ist, nicht wahr? Im Freundeskreis läuft es ja auch nicht anders. Das Leben ist halt kein Ponyhof.

Bis dann irgendwer aus dieser Routine ausbricht.

Deine beste Freundin verabschiedet sich Knall auf Fall aus ihrer langjährigen Ehe, um mit einem deutlich jüngeren Mann noch einmal neu anzufangen. Ein schlimmes Klischee, da seid ihr euch alle einig. Und doch kannst du deinen Neid nicht verhehlen, wenn du dieses Funkeln siehst, das sie plötzlich wieder in den Augen hat. Schlecht gelaunt beobachtest du, wie sie und ihr neuer Freund sich gegenseitig an den Lippen hängen, wenn einer von ihnen etwas erzählt, lauthals lachen, tanzen gehen, bis es hell wird, oder sonst etwas Verrücktes tun. Deine Freundin sieht plötzlich zwanzig Jahre jünger aus. Und abgenommen hat sie auch. Und dann kündigt mir nichts, dir nichts noch ein alter Bekannter seinen Job und teilt seiner Familie mit, dass er nun ein Jahr um die Welt

segelt. Allein. Wie es danach weitergehen soll, da will er sich jetzt noch nicht festlegen.
Auch wenn du das empörend findest, die eigene Familie so im Stich zu lassen, und solch ein Trip keinesfalls etwas für dich wäre – die Begeisterung, die er seitdem ausstrahlt, die würdest du auch gern mal spüren.
In stillen Momenten gestehst du dir ein: Dein Leben ödet dich an.
Und es ist nur die Angst, die dich zurückhält; wenn du dich nur trauen würdest, wärest du auch schon lange auf und davon.

Wenn du dein Leben nicht in die Hand nimmst, dann wird es dich in die Hand nehmen.

Doch allein der Gedanke, all das Vertraute hinter dir zu lassen, schnürt dir die Kehle zu. Du kannst dir einfach nicht vorstellen, wie das gehen soll. Schließlich warst du schon ewig nicht mehr auf dich allein gestellt. Du wüsstest gar nicht, wie du deinen Alltag meistern solltest ohne deine altbekannten Strukturen. Und überhaupt – wo würdest du wohnen, wie würdest du deine Wochenenden verbringen und bei wem könntest du dich über die blöde Kollegin im Büro beschweren?
Du siehst dich schon, wie du einsam und allein unterm Weihnachtsbaum sitzt und nie wieder jemanden findest, der dich will …
Keine Frage, Veränderung bedeutet Unsicherheit und auch Verlust.
Das muss man erst einmal aushalten.
Doch wenn du es dir weiter in der Komfortzone gemütlich machst und jede Veränderung oder Herausforderung vermeidest, wirst du dich nicht nur schrecklich langweilen, du wirst auch nie erleben, was dein Leben sonst noch zu bieten hätte. Dein geistiger Radius wird immer enger werden und der Einheitsbrei deines Alltags immer grauer.
Willst du das?
»Heraus nun endlich aus dem alten Gleise, das Leben steigt mit der Gefahr im Preise«, wusste schon im 19. Jahrhundert der Dichter

Theodor Fontane. Bist du bereit, dich rauszuwagen? Bist du bereit, das Ungewisse, das vor dir liegt, zu umarmen? Dich auf das Abenteuer Leben einzulassen?

Was könnte dir helfen, das Neue willkommen zu heißen? Wie könntest du Mut schöpfen, damit auch du irgendwann so strahlst wie deine Freundin? Denn, ganz ehrlich, du willst doch nicht, dass es das schon gewesen ist, oder?

Vielleicht beginnst du erst einmal damit, dich zu fragen, was eine echte, begründete Angst vor einer Veränderung ist und was nur die Sorge, dass es stellenweise unbequem werden könnte.

Und dann fang, wenn du nicht gleich dein ganzes Leben auf den Kopf stellen und dich aus deiner Ehe verabschieden willst, einfach klein an. Ändere hier und da etwas in deinem Alltag. Lass kleine Routinen los. Und schau, was passiert, wenn du Sicherheit und Gewohnheit gegen etwas Neues eintauschst. Sprich auch mit deinem Partner offen darüber.

Manchmal ist es nötig, die Sicherheit der Routine loszulassen, um Platz für Wachstum und Neues zu schaffen.

Vielleicht suchst du dir einen anderen Platz am Esstisch oder tauschst mit deinem Partner die Schlafseiten im Bett. Womöglich schläfst du nun tiefer und fester. Morgens könntest du statt Tee Kaffee trinken oder andersherum. Geh zu Lidl statt zu Aldi oder einfach mal auf den Wochenmarkt. Vielleicht entdeckst du neue Leckereien oder entwickelst andere Einkaufsgewohnheiten. Nimm bewusst eine neue Strecke zur Arbeit. Womöglich beobachtest du auf dem Weg dorthin morgens ein Eichhörnchen, das dir ein Lächeln ins Gesicht zaubert. Entrümple deinen Schrank. Du wirst dich frei fühlen und hast noch dazu Platz für Neues.

Tu endlich, was du schon lange tun wolltest!

Ist da nicht der brachliegende Vertrag des Fitnesscenters, den du wieder aktivieren möchtest? Was ist mit der Wandergruppe, der du dich anschließen, oder dem Tanzkurs, den du besuchen wolltest? Und wie war das mit dem Thailändisch-Kochkurs, dem Malunterricht und mit all den anderen Ideen, bei denen dein Partner dich immer mit hochgezogener Augenbraue beäugt hat? Eine neue Sprache lernen, Nachhilfe geben, früh aufstehen und als Erstes einen Spaziergang durch die Natur machen, einen Monat komplett auf Zucker verzichten, abends ein Buch lesen, statt fernzusehen, dir in der Uni eine öffentliche Vorlesung anhören, allein ins Restaurant oder Café gehen – wie wäre es, wenn du all das einfach tun würdest?

Gewohnheiten sind wie gesagt gut und wichtig für uns, doch wir Menschen brauchen auch die Abwechslung, die Herausforderung, das Neue, damit wir nicht träge und geistig dumpf werden. Geh raus aus deiner Komfortzone, verlass dein Couch-Potato-Dasein und traue dich etwas. Dann fängt dein Hirn an zu britzeln, schafft neue neuronale Verbindungen und du entwickelst dich weiter.

Wohin die Reise führt und ob du dich irgendwann aus deiner Beziehung verabschiedest, musst du jetzt noch gar nicht wissen. Wage dich langsam vor. So, als würdest du im Winter an einem See stehen und einen Fuß aufs Eis setzen, um zu testen, ob es trägt. Erst wenn du merkst, dass es hält, setzt du einen weiteren Schritt. Und dann noch einen. Du wirst begeistert sein, welche neuen Perspektiven und welche Weiten sich dir eröffnen und welche Kraft du spürst, wenn du dich vom sicheren Ufer wegbewegst.

Gib dem Leben die Möglichkeit,
dich zu begeistern!

Vielleicht kommt dein Partner irgendwann hinterher, weil auch er mehr sehen will, vielleicht bleibt er zurück, all das wird sich ergeben.

Schau erst einmal nur auf dich, darauf, was *du* anders machen willst, um dich neu zu erleben. So gewinnst du Selbstvertrauen und Zuversicht, dass du auch größere Veränderungen angehen und stemmen kannst. Und vor allem spürst du: Das Leben hat noch so viel mehr zu bieten, als du in den letzten Jahren mitbekommen hast. Es ist so viel reicher, bunter, interessanter, lustiger und erfüllender, als dir bewusst war. Wenn du dich darauf einlässt, wirst du auch dich selbst von ganz neuen Seiten erleben.

Was dabei ganz wichtig ist: Lass dich nicht abhalten! Vielleicht will dein Umfeld deinen Veränderungswillen ausbremsen. Vielleicht gucken deine Freunde komisch, weil du dieses oder jenes ausprobieren willst, oder wollen dir erzählen, dass du das, was du vorhast, sowieso nicht durchhalten wirst. Stopf dir, bildlich gesprochen, Wachs in die Ohren und lass all die Bremser, Vermeider und Angsthasen reden. Im Zweifelsfall gönnen sie dir dein Glück nur nicht und sind neidisch auf deinen Mut.

Veränderung geschieht durch verändern.
Fang einfach irgendwo an.

Und ja, auch Irrwege gehören zu diesem Weg jenseits der ausgetretenen Pfade dazu. Ich weiß, wovon ich spreche. »Die Definition von Wahnsinn ist, immer wieder das Gleiche zu tun und andere Ergebnisse zu erwarten«, lautet ein Zitat, das Albert Einstein zugeschrieben wird. Das muss ich mir damals auch gedacht haben, als ich kurz vor der Trennung von meinem damaligen Mann und Vater meines Kindes meinte, meine Haare dunkel färben zu müssen. Die Farbe hieß »Haselnuss«, ich werde es nie vergessen. Zufall? Nein. Ich war auf der Suche, aber ich wusste nicht genau, wonach. Ich wollte etwas verändern, aber ich wusste nicht, was. Und vor allem wusste ich nicht, wie. Ich glaube, viele (vor allem Frauen) kennen solche Versuche, durch optische Veränderungen auch andere Veränderungen in ihrem Leben herbeizuführen.

Aus meiner Erfahrung kann ich dir aber sagen, dass schwer reversible Kurzschlussaktionen in solchen Phasen nicht ratsam sind. Ich musste mir mein Blond über mehrere Friseurbesuche hinweg mühevoll zurückerobern und damit auch den Weg zurück zu mir.

Doch auch wenn ein Neuerungsversuch so danebengeht – steh dazu. Und lache darüber. Das tun die meisten von uns sowieso zu wenig.

Hier eine meiner Lieblingsfragen zum Schluss: Welchen kleinen Schritt könntest du heute gehen, um etwas Neues in dein Leben zu bringen?

REISS DIE FASSADE EIN

»Was sollen denn die Leute denken?« Dieser Satz mag sich verstaubt anhören, die Angst, die dahintersteht, ist aber aktuell wie eh und je. Die Sorge, dass andere schlecht über uns denken oder gar reden, weil wir in ihren Augen etwas falsch gemacht haben, rührt meist aus der Kindheit her und steckt uns Menschen tief in den Knochen. Deshalb sind wir häufig so sehr darauf bedacht, das Bild, das wir in der Öffentlichkeit abgeben, genau zu kontrollieren. Wir haben eine klare Vorstellung davon, wie wir nach außen hin wirken wollen – wie unsere Fassade aussehen soll. Und der Versuch, diese Fassade um jeden Preis aufrechtzuerhalten, treibt uns bisweilen zu äußerst unklugem, uns selbst schadendem Verhalten. Zum Beispiel dazu, in einer Ehe zu bleiben, in der wir unglücklich sind.

Ich erinnere mich noch gut an einen Mandanten, dem es so unerträglich schien, die Fassade von seiner intakten Familie einzureißen, dass ihn dies nicht nur einige glückliche Jahre seines Lebens kostete, sondern richtiggehend krank gemacht hat.

Der Mann, CEO eines mittelständischen Unternehmens, verstand sich schon eine ganze Weile nicht mehr mit seiner Frau. Bereits vor längerer Zeit war er zur Beratung bei mir gewesen, weil er wusste, dass er sich trennen wollte; es dauerte jedoch noch ganze vier Jahre, bis er sich dazu durchringen konnte, auch der Welt einzugestehen, dass seine Ehe gescheitert war. Scham und die Angst, durch die Scheidung das Gesicht zu verlieren, hatten ihn so lange zurückgehalten. Seine Frau war äußerst attraktiv und gemeinsam hatten er und sie zwei wohlgeratene Kinder. Keiner, da war sich mein Mandant sicher, würde verstehen, wie er solch eine Traumfrau verlassen und eine so perfekte Familie zerstören könne. Die Scheidung kam für ihn einer persönlichen Niederlage gleich. Man würde ihn für einen Versager halten. Mehr noch als die Sorge, was sein privates Umfeld dazu sagen könnte, quälte ihn die Angst vor der Reaktion seiner Mitarbeiter. Wie würden sie über seinen Schritt denken? Würden sie hinter seinem Rücken über ihn reden? Ihn als Chef nicht mehr ernst nehmen?

Dem Idealbild von »meine Frau, mein Kind, mein Haus« wollen auch heute noch viele Männer entsprechen. Abgesehen davon werden sie, wenn sie keinen gesellschaftlich akzeptierten Grund für eine Trennung vorbringen können, oft dafür kritisiert, wenn sie Frau und Kinder verlassen und sich einem neuen Lebensabschnitt zuwenden. Diese Vorwürfe auszuhalten, um den eigenen Bedürfnissen und Vorstellungen entsprechend zu leben, ist oftmals eine Herausforderung. Mein Mandant geriet mental und emotional immer mehr in einen Abwärtsstrudel und erkrankte schließlich an einem Burn-out.

Erst nachdem sich seine gesundheitliche Situation so verschlechtert hatte, war er schließlich bereit, die Fassade der heilen Familie einzureißen und die Trennung zu vollziehen. Im Rückblick muss man sagen: leider ziemlich spät. Zu spät? Nein, das ist es fast nie. Aber durch sein unglückliches Ausharren war es in der Ehe auf beiden Seiten zu tiefen Kränkungen und Verletzungen gekommen. Zumindest teilweise wären diese sicher vermeidbar gewesen, hätte er nicht so lange geglaubt, am schönen Schein festhalten zu müssen.

Manchmal kann es aber auch gelingen, dem Bedürfnis nach einer schönen Fassade gerecht zu werden, und trotzdem eine gute und passende Lebensform zu finden. Davon erzählt das folgende Beispiel.

Die Frau, die ich vertreten habe, war nicht nur eine erfolgreiche, elegante Unternehmerin, sondern führte allem Anschein nach auch ein bilderbuchhaftes Privatleben. Sie war seit dreißig Jahren mit ihrem Mann zusammen, hatte drei Kinder und wurde allseits als liebende Ehefrau und Mutter wahrgenommen, die ihr Leben perfekt im Griff hatte. Gäste waren regelmäßig sprachlos, wie diese viel beschäftigte und gepflegte Frau gleichzeitig noch die Zeit fand, sie bei jeder Einladung so fürstlich zu bewirten.

Du findest dich selbst,
wenn du deinen Wert unabhängig von der
Bestätigung im Außen erkennst.

Bis hin zur Selbstverleugnung tat meine Mandantin alles, um den schönen Schein einer perfekten Familie aufrechtzuerhalten. Dabei sah es in Wahrheit sehr anders bei ihr aus. Ihre Ehe war eine regelrechte Katastrophe, da ihr Mann sich wie ein klassischer Patriarch aufführte. Er allein bestimmte die Regeln, denen sie, diese nach außen so selbstbewusste Frau, sich brav unterordnete. Wenn dem Mann etwas nicht passte, bestrafte er seine Frau durch Liebesentzug oder Nichtbeachtung. Manchmal verschwand er für mehrere Tage, ohne sich abzumelden.
Jahrelang ertrug meine Mandantin das stillschweigend, ohne ihrem Mann Grenzen zu setzen, weil es ihr so wichtig war, dass keiner der Nachbarn oder Freunde etwas von den Missständen innerhalb ihrer Beziehung mitbekam. Immer wieder leistete sie »Restaurationsarbeiten« an der Fassade ihrer Ehe, indem sie Ausflüchte erfand, um das Verhalten ihres Ehemanns zu erklären. Dieser nutzte das schamlos aus, indem er sie beim leisesten Aufbegehren damit erpresste, sie zu verlassen. Und genau das war lange Zeit der Albtraum für meine Mandantin! Eine regelrechte Horrorvorstellung – eben weil ihr das Bild der heilen Familie und die Außendarstellung so wichtig waren.

Doch irgendwann lief auch in dieser Ehe das Fass über und meine Mandantin war nicht mehr bereit, die Situation länger hinzunehmen. Sie holte sich therapeutische Hilfe.
Mithilfe eines Psychodramas – einer Art Rollenspiel, das in der Psychotherapie häufig angewendet wird – verstand sie erst, *wie* groß ihre aus der Kindheit stammende Sehnsucht nach einer perfekten äußeren Fassade war und dass es ihr deshalb nicht gelang, ihrem Mann Grenzen zu setzen. Durch das Psychodrama wurde der Frau aber noch etwas anderes bewusst: Ihr war nur *irgendeine* Art von strahlender Fassade wichtig, es musste nicht unbedingt die der »happy family« sein.

Was würdest du tun oder lassen, wenn du keine Angst hättest, was andere über dich denken?

Denn neben diesem Idealbild lässt sich ja auch das einer attraktiven alleinerziehenden Mutter denken oder das einer Patchworkfamilie, die vorbildhaft funktioniert. Und auch mit diesen Fassaden kann man, so fand meine Mandantin, nach außen hin glänzen.
Nachdem ihr dies bewusst geworden war, funktionierten die Muster ihrer bisherigen Ehe nicht mehr, weil sie keine Angst mehr davor hatte, verlassen zu werden. Die Drohungen ihres Ehemanns liefen ab da ins Leere. Stattdessen fing sie an, sich deutlich zu positionieren und ihm klare Grenzen aufzuzeigen.
Und was soll ich sagen? Indem meine Mandantin ihre Haltung veränderte, sah sich auch ihr Mann genötigt, sich anders zu verhalten, weil er nicht mehr wie ein Tetris-Stein in das bisherige Ehemuster einrasten konnte. Statt sich zu trennen, wie er immer gedroht hatte, fing er an, sich seiner Frau gegenüber respektvoller zu verhalten, legte seinpatriarchales Gehabe ab und respektierte die Grenzen, die sie ihm setzte. Die beiden sind jetzt, viele Jahre später, noch immer ein Paar, doch die Beziehung ist eine grundlegend andere geworden.

Du siehst: Sobald wir Dinge erkennen und verändern, ist der Weg zur Trennung nicht immer vorgezeichnet. Es wird ein Prozess mit offenem Ausgang und die Entscheidung liegt letztlich bei dir.
Wenn ich so darüber nachdenke, glaube ich, das jeder von uns irgendeine Fassade hat – also eine Oberfläche, auf der das zu erkennen ist, was wir von unserem Leben nach außen preisgeben wollen. Unsere Fassade ist wie eine Haut, die dem Inneren – unserem Privatleben, unseren Gedanken, Vorlieben, Gepflogenheiten und Ängsten – Schutz bietet. Wir wollen schließlich nicht, dass jeder alles von uns weiß. Aus dem Grund hat unser Haus auch Mauern und keine Glaswände. Wie glatt oder glänzend diese Mauern sein sollen, kann jeder aber für sich entscheiden. Vielleicht dürfen sie auch Unebenheiten und Brüche aufweisen und hin und wieder durchscheinen lassen, was dahinter ist.
Ich glaube, die zentrale Frage lautet, wie viel Authentizität deine Fassade zulässt. Kannst du trotz Fassade du selbst sein? Kannst du dich auch verletzlich zeigen, Fehler eingestehen und Menschen, die es gut mit dir meinen, auch hinter die Fassade blicken lassen?

TOXISCHE BEZIEHUNGEN

Vieles im Leben ist sprachlichen Moden unterworfen – auch die Art und Weise, wie man über Beziehungen spricht. Begriffe wie »toxisch« und »narzisstisch« scheinen mir in diesem Kontext im Moment hoch im Kurs zu stehen und etwas leichtfertig als Etikett verwendet zu werden. Dessen ungeachtet gibt es aber leider Beziehungen, auf die diese Bezeichnungen tatsächlich sehr gut passen.
Kennst du noch den Film *Der Feind in meinem Bett* (Sleeping with the Enemy, 1991) mit Julia Roberts? An diesen Film muss ich bei so manchem meiner Mandate denken, auch wenn die Stimmung in der jeweiligen Ehe sicher nicht ganz so beklemmend ist wie in dem Thriller. Julia Roberts spielt darin eine junge, hübsche Frau namens Laura, die

mit ihrem Ehemann Martin in einem luxuriösen Haus am Meer lebt. Nach außen hin wirkt ihre Ehe perfekt. Martin ist reich, charmant, attraktiv und äußerst kultiviert. Doch hinter der strahlenden Fassade ist er manipulativ, kontrollierend, psychisch und schließlich auch physisch gewalttätig. Er tyrannisiert seine Frau.

Allein beim Zuschauen sind die Qualen, die Laura zu erleiden hat, kaum auszuhalten. Martin ist ein typischer Narzisst und Sadist, der systematisch versucht, sie zu brechen. Er diktiert, was Laura tun, mit wem sie sprechen, mit wem sie ausgehen darf. Das geht so weit, dass sie ihre Handtücher in einer bestimmten Weise aufzuhängen hat. Verhält sie sich nicht wie von Martin gewollt, wird sie bestraft.

Derart grausame Formen der psychischen Gewalt treten wohl nur selten im wahren Leben auf, aber in abgeschwächten Formen gibt es diese Gewalt in vielen Ehen. Das weiß ich leider sehr gut. In manchen dieser krankhaften Beziehungen schwankt die Stimmung zwischen Glück, intensiver Spannung, Bedrohung, Strafe und Momenten des leisen Aufatmens und Hoffens. Die Opfer befinden sich meist in einem latenten Zustand der Anspannung und Angst und suchen verzweifelt nach einem Ausweg aus ihrer misslichen Situation. Immer häufiger kommt es in solchen Beziehungen zum Einsatz von Abhörgeräten. Gerade wenn es kontrollsüchtige oder psychisch kranke Ehepartner sind, versuchen sie damit die absolute Macht über den Partner zu erlangen. Was immer sie dann erspähen oder belauschen, wird falsch interpretiert und führt zu (neuer) Gewalt. Es ist eine Abwärtsspirale, aus der sich schwer entkommen lässt.

Ich kenne Fälle, in denen der Ehemann überwachte, wie oft seine Frau ihren Vibrator benutzte, und sie Zeugnis über die mit Freundinnen geführten Telefonate ablegen musste. Umgekehrt gibt es Männer, die sich bei ihrer Ehefrau für Blicke anderer Frauen rechtfertigen müssen und bei Geschäftsterminen angehalten werden, sich ans Fenster des Restaurants zu setzen, damit die Ehefrau den Geschäftspartner auch sichten kann, wenn sie »zufällig« am Restaurant vorbeifährt.

Eine Ehe, die dir nicht guttut, musst du verändern oder verlassen – manchmal sofort.

In *Der Feind in meinem Bett* gibt Martin Laura das Gefühl, dass niemand ihr glauben würde, wenn sie über ihre Misshandlungen spräche. Denn nach außen hin spielt er den perfekten Ehemann. Laura gerät dadurch nach und nach in völlige Isolation. Jede ihrer Bewegungen wird von Martin beobachtet. Ständig hat sie Angst, in seinen Augen einen Fehler zu begehen.

Wenn du auch nur ansatzweise das Gefühl hast, in solch einer einschüchternden Beziehung zu leben und Gefangene oder Gefangener in deinem eigenen Zuhause zu sein, wenn du Machtspielen, Erniedrigungen und Kontrollversuchen ausgesetzt bist, dann gibt es nur eines: Befreie dich bitte ganz unbedingt daraus. An mehreren Stellen in diesem Buch betone ich, dass du immer die Wahl hast, ob du in der Beziehung bleibst oder sie beendest. In den Fällen, wie ich sie hier geschildert habe, gibt es aus meiner Sicht keine Wahl. Da musst du raus! Und zwar so schnell wie möglich. Falls du keine Vertrauensperson in deinem Umfeld hast, an die du dich wenden kannst, oder wenn das nicht ausreicht, dann zögere nicht, beim Hilfetelefon »Gewalt gegen Frauen« unter der Nummer 116 016 anzurufen. Dort findest du rund um die Uhr Hilfe, auch an Feiertagen und Wochenenden, anonym und kostenfrei.

Auch Laura findet irgendwann die nötige innere Stärke, sich von Martin zu trennen. Ihre Flucht ist dann nicht nur ein physischer Akt, sondern auch ein Ausdruck ihrer mentalen Befreiung. Von einer gequälten Frau wird Laura zu einer Frau, die ihre Angst überwindet und die Kontrolle über ihr Leben zurückerlangt.

PS: Mir ist bewusst, dass es auch Ehen gibt, in denen Männer Gewalt erleben. Dies auszusprechen und aufzudecken, kann noch herausfordernder sein. Aber Gewalt gegenüber Frauen kommt weltweit nach wie vor deutlich häufiger vor.

4. KLEINE HILFESTELLUNG – VOM RICHTIGEN TRENNUNGSZEITPUNKT

Du bist dir sicher, dass du dich trennen willst, nur der Zeitpunkt ist nicht der richtige?

Mit dem richtigen Zeitpunkt für eine Trennung ist es genauso wie mit dem richtigen Zeitpunkt fürs Kinderkriegen: Es gibt ihn nicht.

Während es bei einer Schwangerschaft das Projekt bei der Arbeit ist, das du vorher noch abschließen willst, oder der Urlaub in Südamerika, den ihr unbedingt noch machen wollt, ist es bei einer Trennung womöglich das Weihnachtsfest, das noch im Kreise der (vermeintlich) heilen Familie gefeiert werden soll, oder der Sommerurlaub, der schon gemeinsam gebucht wurde, die Pubertät der Kinder, die OP der Schwiegermutter oder, oder. Du verstehst, was ich meine.

Lass dich mal auf das folgende Gedankenspiel ein: Was würde passieren, wenn du die Trennung doch schon vor dem angeblichen Trennungshemmnis vollzögest? Wie würde das Weihnachtsfest, der Urlaub oder die Pubertät der Kinder dann ablaufen? Stell es dir bildlich vor. Ganz konkret. Welche Empfindungen spürst du in deinem Körper? Welche Gefühle werden in dir ausgelöst? Frage dich, ob du bereit bist, diese Gefühle und Empfindungen zu erleben, ob es vielleicht sogar okay wäre. Lass dir Zeit. Und jetzt umgekehrt: Wie würde der Urlaub ablaufen, wenn du ihn mit vorhandener Trennungsabsicht anträtest? Wie würde es sich anfühlen, die Kinder Seite an Seite mit deinem Ehepartner noch durch die Pubertät zu begleiten? Mal dir die Zeit ganz genau aus. Was macht diese Vorstellung mit dir und deinem Körper? Was tauchen da für Gefühle und Empfindungen auf? Könntest du akzeptieren, dass sie da sind? Siehst du dich?

Ich kenne weder dich noch deinen Partner und kann dir keinen Rat dazu geben, ob für deine Trennung der richtige Zeitpunkt gekommen ist oder nicht. Wozu ich aber ganz unbedingt raten kann und möchte, ist Transparenz. Weihe deinen Partner in deine Gedanken und Ge-

fühle ein. Erzähle ihm offen, wie es dir geht, und versuch das, was in dir vorgeht, in Ich-Botschaften zu transportieren, ohne Vorwürfe. Erkläre ihm also nicht, was er alles falsch gemacht hat, sondern sprich ausschließlich über deine Gefühle.
Manchmal verändert sich etwas in der Beziehungsdynamik, wenn man seine Trennungsabsichten laut vor dem Partner ausgesprochen hat – vielleicht bekommst du so den nötigen Schubs, um die Trennung auch wirklich zu vollziehen. Vielleicht passiert auch das Gegenteil und ihr beschließt gemeinsam, es noch einmal miteinander zu versuchen. Bemühe dich einfach, ehrlich zu dir selbst und deinem Partner zu sein, dann bist du nach diesem Gespräch bestimmt schon einen Schritt weiter.

PS: Wenn du nun noch immer keine Klarheit hast, empfehle ich dir die folgende Übung: Stell dir vor, du liegst auf deinem Sterbebett, schaust zurück auf dein Leben und schreibst einen Brief an dein jetziges Ich. Was würdest du dir für deine aktuelle Situation raten?

Umstände, an denen du merkst, dass du dich trennen solltest

Die Entscheidung, ob eine Trennung das Richtige für dich ist, kann und will ich dir wie gesagt nicht abnehmen. Es gibt aber ein paar Punkte, die dir zeigen könnten, dass deine Partnerschaft vielleicht tatsächlich ungut für dich ist. Als da wären:

- Du äußerst deine Bedürfnisse, aber dein Partner nimmt diese nicht ernst beziehungsweise wahr und geht nicht darauf ein.
- In Konflikten gibst immer du nach, deine Wünsche werden von deinem Partner nicht beachtet.
- Du bist die einzige Person, die an dir und der Beziehung arbeiten möchte, dein Partner sieht für sich keinen Grund zur Veränderung.
- Dein Partner gibt dir das Gefühl, dass du das Problem in der Beziehung bist, und übernimmt keine Verantwortung für seinen Anteil an euren Schwierigkeiten.

- Dein Partner entschuldigt sich, verhält sich danach aber genauso.
- Du bist für die Organisation eures gemeinsamen Lebens (Haushalt, Freunde, Einkommen) allein verantwortlich.
- Dein Partner überschreitet wiederholt deine Grenzen und es ermüdet dich, das immer wieder anzusprechen.
- Du musst dich stark verstellen (etwa Hobbys aufgeben), um in der Beziehung keine Probleme zu bekommen.
- Wenn du traurig, ängstlich oder aufgebracht bist, kann dein Partner damit nicht umgehen.
- Es gibt keine offene Kommunikation zwischen euch, also musst du erraten, was dein Partner denkt oder will.
- Dein Partner reagiert sauer oder beleidigt, wenn du ein Problem ansprichst, daher behältst du deine Bedürfnisse lieber für dich.
- Es gibt physische oder verbale Gewalt in deiner Beziehung.
- Dein Partner leugnet, Dinge gesagt oder getan zu haben, und du fragst dich wahlweise, ob du dir oder ihm noch vertrauen kannst.
- Dein Partner verbietet dir Dinge oder fordert dich dazu auf, den Kontakt zu deiner Familie und Freunden abzubrechen.
- Dein Partner hat extreme Stimmungsschwankungen und verändert durch ein »falsches« Wort von dir seine Verfassung.
- Viele Dinge, die dir wichtig sind, erfüllt dein Partner nicht.

Treffen die meisten dieser Punkte auf dich und eure Beziehung zu, ist das ein starkes Warnsignal, denn es bedeutet, dass du in deiner Partnerschaft nicht den Raum und den Respekt bekommst, den du brauchst. Es ist sehr verständlich, dass du frustriert oder verzweifelt bist, und du solltest dich diesen Gegebenheiten nicht länger aussetzen. Frag dich, was du brauchst, um die Trennung vollziehen zu können. Wenn nur einige der aufgelisteten Anzeichen auf deine Beziehung zutreffen, ihr zum Beispiel nicht wisst, wie ihr in Konflikten kommunizieren sollt, könnt ihr versuchen, mit einem Beziehungsberater oder Paartherapeuten an eurer Beziehung zu arbeiten.

5. GUT ZU WISSEN: WAS DICH IN DER ERSTBERATUNG ERWARTET

Wie ich an anderer Stelle schon gesagt habe: Falls du überlegst, dich scheiden zu lassen, solltest du dir Rat bei einem Familienrechtsanwalt holen. Ebenso, wenn du befürchtest, dass dein Partner sich von dir trennen will.

Der Aufwand für so eine Erstberatung ist gering, die Kosten sind überschaubar und der Nutzen ist sehr hoch. Du bekommst Klarheit, welche Ansprüche und Pflichten du im Falle einer Scheidung hättest und was du sinnvollerweise schon im Vorfeld regeln solltest.

Doch wie läuft so ein erster Termin eigentlich konkret ab?

Vermutlich kommst du mit tausend Fragen und jeder Menge Halbwissen in die Beratung. Der Anwalt ist dann erst einmal gefragt, all deine Fragen zu verstehen und sie zu strukturieren. Denn vieles, was dich umtreibt, ist im Zweifel gar nicht rechtlicher Natur. Und manches, was du für essenziell hältst, spielt juristisch keine oder nur eine untergeordnete Rolle. Es ist nicht relevant, ob deine Frau sich mit ihren Schwiegereltern verstanden hat oder ob ihr schon seit Jahren in getrennten Schlafzimmern schlaft. Auch ob dein Mann ein anderes Verständnis von Ordnung hat als du oder Geld in die Spielbank getragen hat, hat juristisch keine Bedeutung. Trotzdem sind es Gründe, die zum Scheitern der Beziehung führten. Aber das Verschuldensprinzip ist lange abgeschafft, sprich, es kommt nicht mehr darauf an, wer für das Scheitern verantwortlich ist. Entscheidend ist nur, ob die Ehe zerrüttet ist (Zerrüttungsprinzip).

> Die Zerrüttung einer Ehe entsteht selten
> durch einen plötzlichen Bruch,
> sondern ist meist das langsame Verblassen einer
> Verbindung, bis kein »Wir« mehr da ist.

Mein Anspruch an eine Erstberatung ist, dass ein Mandant versteht, wie man Unterhalts- und Zugewinnansprüche ermittelt und wie der Versorgungsausgleich funktioniert. Auch Kindschaftsthemen reiße ich bei Bedarf an und kläre natürlich auch über die Kosten für eine anwaltliche Vertretung auf. Die Erstberatung selbst (sie dauert ca. eine Stunde) kostet netto 190 Euro.
Neben diesen Informationen bekommst du wertvolles Wissen und auf den Fall zugeschnittene Tipps. Oft geht es auch um Themen, an die du überhaupt noch nicht gedacht hast, wie zum Beispiel die Rückgewähr ehebedingter Zuwendungen, die Spekulationssteuer bei der Veräußerung der Eheimmobilie oder welche Bedeutung die Dokumentation des Trennungszeitpunktes hat.
Darüber hinaus ist mir auch immer wichtig zu klären, was ein Anwalt »liefern« kann und welche möglichen Alternativen es zu einer rein juristischen Begleitung gibt. Dazu im dritten Teil mehr.

Es gibt nichts Schmerzhafteres,
als sich in einer Beziehung verloren zu fühlen,
die einem einst Kraft gegeben hat.

Nach meiner Erfahrung kommen Mandanten zwar zur Rechtsberatung zu mir, aber das erste Gespräch beim Anwalt umfasst häufig viel mehr. Oft macht es den Mandanten ihre Situation erst so richtig bewusst und lässt ihre im Alltag verdrängte Wut, Trauer und Enttäuschung an die Oberfläche kommen.
Nicht umsonst steht auf dem Glastisch in unserem Beratungszimmer eine Taschentuchbox. Sie wird regelmäßig genutzt, und zwar von Männern und Frauen gleichermaßen. Der Kummer darüber, dass die Ehe zerbrochen ist oder zu zerbrechen droht, bricht sich hier Bahn ebenso wie eine Erschöpfung und Verzweiflung in der Beziehung, die die Menschen offensichtlich an ihre Grenzen brachte.

Aus diesem Grund setzen Verfahren im Familienrecht mehr als alle anderen Mandatsverhältnisse Vertrauen voraus. Deshalb mein Rat: Hör auf dein Bauchgefühl. Wenn du nach dem Erstkontakt mit einem Anwalt nicht das Gefühl hast, gut aufgehoben zu sein, solltest du dich nicht scheuen, dich bei der Anwaltssuche noch einmal neu zu orientieren. Kommst du hingegen mit dem Gefühl aus der Erstberatung, mit all deinen Belangen gehört und ernst genommen worden zu sein, und fühlst dich bereichert um die Informationen, die du erhalten hast, bist du vermutlich an der richtigen Adresse und der Weg für die Scheidung in deinem Sinne ist geebnet.

So ein Termin kann mitunter übrigens auch positive Auswirkungen auf die Beziehung haben – entweder, weil dadurch Ängste, die die Trennung betreffen, aus der Welt geräumt werden oder weil die Beratung zuversichtlich macht, dass sich auch schwierige Finanzthemen im Falle der Trennung regeln lassen.

Ich hatte durchaus schon Mandanten, die ihre Beziehung mit diesem Wissen erleichtert und neu aufgestellt fortgeführt haben. Manche haben solch eine Beratung auch zum Anlass genommen, nachträglich noch einen Ehevertrag zu schließen, und sind damit dann beruhigt der latent angespannten Situation entkommen.

Die Freiheit zu haben, im Zweifelsfall auch gehen zu können, ebnet häufig den Weg für eine ganz bewusste, ungetrübte Entscheidung füreinander, die nicht durch Beklemmungen gekennzeichnet oder an Geldmittel geknüpft ist.

Daher lautet meine Einladung und mein Rat: Kläre, wenn du über eine Trennung nachdenkst, deine rechtliche Situation und lass dich dann offen auf den Prozess ein, den eure Ehe vielleicht durchlaufen mag.

Sichere wichtige Unterlagen

Egal, was in der Scheidung verhandelt wird, es geschieht auf Grundlage von Unterlagen und Belegen. Daher ist es ratsam, dass du dich frühzeitig darum kümmerst, die folgenden Unterlagen zusammenzutragen und sie dir zu kopieren oder einzuscannen. Auch jeglicher Schriftverkehr mit deinem Ehepartner über finanzielle oder rechtliche Themen kann wichtig sein.

- **Eheurkunde**
- **Ehevertrag**, falls vorhanden
- **Geburtsurkunden** der Kinder
- **Einkommensnachweise**: Gehaltsabrechnungen der letzten zwölf Monate. Bei Selbstständigen: Bilanzen, Gewinn-und-Verlust-Rechnungen, Umsatzsteuererklärungen der letzten 3–5 Jahre
- **Nachweise zu Vorsorgeverträgen**: mtl. Kranken- und Unfallvorsorge, Berufsunfähigkeit, Beiträge zu Renten- und Lebensversicherungen
- **Weitere unterhaltsrelevante Nachweise**: Rechnungen für Kinderbetreuung, Schulkosten, Nachhilfe, Musikunterricht
- **Einkommensteuererklärung und -bescheid** des letzten veranlagten Jahres. Bei Selbständigen die letzten 3–5 Jahre
- **Nachweise zu Mieteinnahmen** (die letzten 3–5 Jahre)
- **Kontoauszüge** aller Konten zum Datum der Trennung und zum Zeitpunkt der Eheschließung, auch Wertpapierdepots, Aktien, Kryptowährungen, Kreditverträge, Leasingverträge
- **Immobilien**: Grundbuchauszüge, Kaufverträge, Wertgutachten, Finanzierungsunterlagen
- **Wertgegenstände**: Nachweise über teure Anschaffungen (Rechnungen von Schmuck, Fahrzeugen, Kunstwerken etc.)
- **Haushaltsgegenstände**: Liste der gemeinsamen Besitztümer (etwa Möbel, Elektronik, Küchenutensilien)

TEIL 2

TRANSFORMATION IM TRENNUNGSJAHR

Wie du diese Zeit nutzt, um bei dir selbst anzukommen

So, du bist dir nun also sicher: Du willst dich von deinem Partner scheiden lassen. Das heißt aber nicht, dass du sofort zur Tat schreiten kannst. In Deutschland ist das sogenannte Trennungsjahr verpflichtend, bevor eine Scheidung beantragt werden kann – ein Jahr, in dem ihr nicht mehr Tisch und Bett teilen und keine gemeinsame Lebensführung mehr haben dürft. Der Gesetzgeber hat das so bestimmt, um vorschnelle Scheidungen zu verhindern. In diesen zwölf Monaten des Trennungsjahrs sollen die Ehepartner ausloten, ob »eine Wiederherstellung der ehelichen Lebensgemeinschaft in Betracht kommt oder nicht«, sprich, ob eure Ehe wirklich gescheitert ist.

Die Vorstellung, noch ein weiteres Jahr verheiratet zu bleiben, kann ziemlich belastend sein, wenn man sehr wütend oder verletzt ist. Oft will man dann nichts lieber, als die Ehe sofort zu beenden, und den anderen danach nie wiedersehen. Wenn ihr gemeinsame Kinder habt, ist dies jedoch sowieso keine realistische Option, denn über sie werdet ihr euer Leben lang verbunden bleiben. Und auch sonst, allein während des ganzen Scheidungsprozesses, werdet ihr zwangsläufig noch miteinander zu tun haben.

Warum also dieses Jahr nicht nutzen, um dich selbst und deine Persönlichkeit weiterzuentwickeln und einiges von dem hinter dir zu lassen, was dich während der Beziehung auf die Palme gebracht, blockiert oder dir wehgetan hat?

Dass in einer Beziehung nicht einer allein die Schuld an allem, was schiefgelaufen ist, trägt, ist bekannt. Und wenn dein Anteil nur darin bestand, dass du dir das Verhalten deines Partners hast gefallen lassen. Darum gib dir die Chance, in diesen zwölf Monaten aus Denk- und Verhaltensmustern, die zum Scheitern deiner Ehe beigetragen haben, auszusteigen, limitierende Überzeugungen über dich und die Welt hinter dir zu lassen und dich selbst neu kennenzulernen.

In einer langen Partnerschaft geht Menschen nicht selten das Gefühl für sich selbst ein Stück verloren. Sie wissen nicht mehr so recht, wer sie (ohne Partner) eigentlich sind, was sie auszeichnet, welche Wünsche und Hoffnungen in ihnen schlummern. Nutze das Trennungsjahr, um dich selbst mit all deinen Facetten, deinen Träumen, Bedürfnissen, Stärken und Werten neu kennenzulernen und deine alten Ängste, Verletzungen und deinen Groll hinter dir zu lassen. So kannst du nach der Scheidung im besten Sinne selbstbewusst, frei und unbeschwert ein neues Leben beginnen – ohne den Ballast aus der Ex-Beziehung im Gepäck.

Glaube mir, diese innere Arbeit lohnt sich sehr, das durfte ich im Rahmen meiner Tätigkeit als Anwältin und Coach immer wieder erleben.

Ich stelle dir im Folgenden einige Ansätze vor, die ich in meiner Arbeit mit Mandanten und Klienten als hilfreich und augenöffnend erlebt habe. Sie dienen allesamt dazu, dass du dich selbst besser verstehen lernst und dich dir selbst (wieder) näher bringst, sodass du bewusster, gelassener und glücklicher in dein neues Leben starten kannst.

PS: Es kommt durchaus vor, dass Paare im Rahmen des Trennungsjahres wieder zusammenfinden. Denn wenn du dich veränderst, ändert sich das ganze System. Wenn du nun beginnst, dich von Undienlichem zu verabschieden, wer weiß – unter Umständen bringt dich das deinem jetzigen Partner wieder näher. Vielleicht auch, weil du erkennst, dass manches von dem, was du ihm vorgeworfen hast, weniger mit ihm und mehr mit dir selbst zu tun hatte. Dies ist nicht das Ziel der folgenden Kapitel, nur eine Einladung, offen für alle Entwicklungen zu sein.

1. WAS DU WIRKLICH FÜHLST – UND WELCHE BEDÜRFNISSE DAHINTERSTECKEN

Was fühlst du gerade? Die amerikanische Collegeprofessorin und berühmte Ted-Talk-Speakerin Brené Brown hat eine Studie durchgeführt, in der sie Menschen genau diese Frage gestellt hat. Sie sollten eine Liste schreiben, auf der sie alle Gefühle festhielten, die sie identifizieren konnten, während sie sie erlebten. Was schätzt du, auf wie viele unterschiedliche Gefühle sind die Probanden im Durchschnitt gekommen? Zehn, zwanzig, dreißig? Die Antwort ist schwer zu glauben, sie lautet: drei. Drei Gefühle konnten die Teilnehmer im Schnitt bei sich erkennen: *glücklich, traurig* oder *wütend*. Mehr nicht. Von der schier grenzenlosen Anzahl an Gefühlen, die ein Mensch haben kann, konnten sie lediglich diese drei wahrnehmen.
Vielleicht schüttelst du nun ungläubig den Kopf. Das würde ich zumindest tun – würde ich nicht dasselbe auch in meinem Arbeitsalltag erleben. Menschen kommen zu mir in die Beratung, weil sie sich scheiden lassen wollen, und wenn wir zu dem Punkt kommen, was gerade in ihnen vorgeht, können sie praktisch nichts darüber sagen. Sie kennen und spüren sich so wenig, dass sie lediglich ein diffuses Unbehagen in sich wahrnehmen, von dem sie glauben oder hoffen, dass es durch eine Trennung von ihrem Partner verschwindet.

Die Ursache für das Gefühl von Leere in dir liegt selten bei deinem Partner.

Angesichts all der Gefühle, zu denen wir Menschen fähig sind, überrascht mich das immer wieder. Führen wir uns das doch mal vor Augen: Wir können uns deprimiert fühlen, enttäuscht, gekränkt, verletzt, genervt, ohnmächtig, hilflos, unzufrieden, gereizt, empört, angewidert, fassungslos, fuchsteufelswild, gestresst, nervös, einsam, melancholisch, antrieblos, ängstlich, erschöpft, hoffnungslos, dumpf, träge oder gelangweilt, ebenso wie ausgeglichen, ruhig, freudig erregt, gespannt, entspannt, neugierig, beschwingt, gelassen, zufrieden, erleichtert, bereichert, dankbar, ehrfürchtig, fasziniert, beeindruckt, zuversichtlich, stolz, abenteuerlustig, stark, unerschütterlich, kraftvoll, begeistert. Und das ist natürlich nur ein winziger Bruchteil einer viel, viel längeren Liste.

Was heißt es nun, wenn uns für all diese Emotionen innerlich nur drei Begriffe zur Verfügung stehen, eben *glücklich, traurig* oder *wütend*? Wenn wir alles, was wir fühlen, in diese drei Schubladen reinpressen müssen? Die Antwort ist so offensichtlich wie ernüchternd: Unser Gefühlserleben ist maximal reduziert. Wir sind nicht ansatzweise dazu in der Lage, bewusst zu spüren, was alles in uns vorgeht. Ist das bei Licht betrachtet nicht ziemlich unglaublich?

Dieses Unvermögen, die eigenen Gefühle wahrzunehmen und richtig zu benennen, hat natürlich Konsequenzen: Wir verhalten uns häufig nicht so, wie es unserem Wohlergehen am zuträglichsten wäre. Wir sagen oder tun nicht das, was für uns ratsam oder klug wäre, eben weil wir nicht wissen, was das ist.

Und noch etwas impliziert dieses Unvermögen: Wir haben keinen Einfluss darauf, ob wir glücklich und erfüllt durchs Leben gehen und bekommen, was wir wollen und brauchen.

Es ist schwer zu erkennen,
was im Inneren vor sich geht, wenn der Blick
nach außen gerichtet ist.

Unsere *Gefühle* – und das ist entscheidend – stehen nämlich in direkter Verbindung mit unseren *Bedürfnissen*. Also mit den Gegebenheiten, die für unseren Körper, unser Herz und unseren Kopf erfüllt sein müssen, damit es uns gut geht. Gefühle sind sozusagen die Signalgeber für unsere Bedürfnisse.

Hier ein paar einfache Beispiele: Hunger zeigt ein Bedürfnis nach Nahrung an, Langeweile signalisiert ein Bedürfnis nach geistiger Stimulation, Ohnmacht sagt, ich brauche Kontrolle und Einfluss, und Scham signalisiert, ich möchte mich akzeptiert und »richtig« fühlen. Wohlbefinden wiederum lässt uns wissen, dass gerade alle wesentlichen Bedürfnisse gestillt sind.

Können wir unsere Gefühle nicht klar identifizieren, können wir logischerweise auch die Bedürfnisse, die dahinterstehen, nicht genau bestimmen und sie entsprechend auch nicht stillen. Das heißt: Wenn ich nicht weiß, ob ich erschöpft oder traurig bin, kann ich auch nicht sagen, ob ich ein Bedürfnis nach Erholung oder nach Trost habe, und mich demgemäß verhalten. Logisch, oder? (Aus dem Grund tappen manche Menschen in die Falle, einfach auf jedes ungute Gefühl mit fernsehen, shoppen, gaming, Süßigkeiten, Alkohol oder schlafen zu reagieren.)

Es lässt sich leicht vorstellen, dass diese Unkenntnis der eigenen Gefühlslage keine guten Auswirkungen auf eine Beziehung hat. Sie kann dazu führen, dass du dich an das, was dein Partner will, einfach anpasst. Das muss nicht in jedem Fall schlecht sein, kann aber eben bedeuten, dass du etwas tust oder gar ein Leben lebst, das dir eigentlich gar nicht entspricht. Kommt dann irgendwann der Tag, wo du dies deinem Partner zum Vorwurf machst, fällt er möglicherweise aus allen Wolken – schließlich hast du bisher doch immer zu allem Ja und Amen gesagt.

Und noch etwas ist ohne ein klares Bewusstsein deiner Gefühlslage schwierig bis unmöglich: (gute) Entscheidungen zu treffen.

All das ist nicht nur unangenehm, es hat bisweilen sehr fatale Auswirkungen: Manchmal provoziert es Trennungen, die vermeidbar gewesen wären, wenn wir uns und unsere Gefühle besser gekannt und rechtzeitig kommuniziert hätten.

Vielleicht fragst du dich jetzt: Wenn es so wichtig ist, die eigenen Gefühle und Bedürfnisse treffend wahrnehmen zu können, warum sind wir alle dann nicht besser darin?
Die Antwort ist einfach: weil wir es nicht gelernt haben.
Gefühle identifizieren und benennen zu können ist eine Fähigkeit, die wir genauso erlernen müssen wie sprechen oder Fahrrad fahren. Wir brauchen Vorbilder, von denen wir uns diese Fähigkeit abschauen können, und Bezugspersonen, die mit uns gemeinsam erforschen, wie es in uns drinnen aussieht.
Doch häufig ist eher das Gegenteil der Fall: Kinder bekommen beigebracht, ihre Gefühle zu zügeln oder zu unterdrücken, statt sie klar zu artikulieren. Wut und Trauer zu zeigen etwa gilt in vielen Familien als unangemessen. Oft leben Eltern genau das auch vor, auch sie zeigen ihre Gefühle nicht und sprechen nicht über das, was sie sich wünschen oder brauchen.
Wie war das in deiner Kindheit? Gab es Raum für deine Gefühle und Bedürfnisse? Oder hast du gelernt, dass sie nicht so wichtig sind? Dass die anderen vorgehen? Wenn ja – ist es dann ein Wunder, dass du sie heute, im Erwachsenenalter, nicht gut identifizieren kannst?

In einer Welt, in der das Funktionieren zählt, bleibt wenig Raum für die leisen Töne deines Ich.

Wenn wir es als Kind nicht gelernt haben, gelingt es uns auch später häufig nicht, bewusst zu erkennen, was in uns vorgeht. Allzumal uns im stressigen Alltag Gefühle auch oft ungelegen kommen. Wir drücken sie weg oder betäuben sie, um zu funktionieren. Doch auch wenn wir dies regelmäßig tun, wenn wir unsere Gefühle wiederholt verdrängen und ignorieren – die Bedürfnisse dahinter verschwinden nicht. Im Gegenteil, sie werden anfangen, sich immer lauter zu melden. Irgendwann auch mithilfe körperlicher Symptome.

Viele Menschen beginnen erst in einer Krise, sich ihrem Innenleben bewusst zuzuwenden. Erst wenn sie merken, dass es so nicht weitergehen kann, lernen sie, Kontakt mit sich selbst aufzunehmen.
Für dich ist dieses Trennungsjahr eine Chance, um zu prüfen, wie gut oder wenig gut du mit dir in Kontakt bist und ob du über die Signale, die dein Körper dir sendet, Bescheid weißt.
Falls du merkst, dass du auf diesem Gebiet Nachholbedarf hast – keine Sorge. Du kannst den Kontakt zu deinen Gefühlen und Bedürfnissen trainieren und in ihrer Wahrnehmung immer besser werden. Auch dein Gefühlswortschatz wird dadurch größer.

WAS DU TUN KANNST, UM DEINE GEFÜHLE BESSER WAHRZUNEHMEN

1. Innehalten

Mein erster Tipp ist ganz einfach: Halt inne!
Nimm dir im Alltag immer wieder einen Moment Zeit, schließe die Augen und frag dich: Was spüre ich jetzt gerade? Welche Gefühle und Körperempfindungen kann ich wahrnehmen? Und: Wie kann ich ausdrücken, was ich da wahrnehme, welche Worte passen dafür?
Im Internet gibt es diverse Listen mit Gefühlen, die dir helfen können, auf treffende Bezeichnungen für das zu kommen, was du empfindest.
Wenn du einigermaßen sicher bist, welches Gefühl oder welche Gefühle gerade in dir existent sind, kannst du dich fragen, welches Bedürfnis dahinterstehen könnte. Auch für Bedürfnisse gibt es Listen im Netz, die dich lehren können, genauer zu verstehen, was da gerade in dir vorgeht.
Auf diese Weise regelmäßig innezuhalten und zu erforschen, was in dir los ist, wird deinen Gefühlswortschatz wachsen lassen und du wirst treffsicherer, was das Erkennen deiner Bedürfnisse angeht. Sprich: Du lernst dich selbst immer besser kennen.

PS: Es kann hilfreich sein, dich per Handy alle paar Stunden kurz ans Innehalten zu erinnern. So etwas geht im Alltag gern mal unter.

2. Meditation

Es gibt noch eine andere, sehr gute Methode, die dir dazu verhilft, dich selbst besser kennenzulernen. Sie erfordert etwas mehr Zeit, Geduld und vor allem Regelmäßigkeit, dafür ist sie enorm wirksam: Die Rede ist von Achtsamkeit.

Achtsamkeit lernst du, indem du regelmäßig meditierst. Wie das geht, erfährst du am eindrücklichsten in einem MBSR-Kurs (Mindfulness-based stress reduction), du kannst dir für den Anfang aber auch Anleitungen geführter Meditationen auf Achtsamkeits-Apps oder per Youtube anhören.

3. Therapie

Falls du den Eindruck hast, allein keinen Kontakt zu deinem Inneren zu bekommen, kannst du dir natürlich auch therapeutische Hilfe holen. Professionelle Unterstützung kann Wunder wirken auf dem Weg zu dir selbst.

WIE DU KOMMUNIZIERST, WAS DU BRAUCHST

Wenn du dann so weit bist, dass du besser verstehst und spürst, was in dir vorgeht und welches Bedürfnis sich gerade meldet, besteht die zentrale Frage natürlich darin: Wie kann ich für die Erfüllung meines Bedürfnisses sorgen? Was muss ich tun, wie muss ich mich in einer bestimmten Situation verhalten, damit ich diesem Bedürfnis gerecht werde? Nicht wenige Bedürfnisse sind an andere Menschen gekoppelt. Wenn du zum Beispiel das Bedürfnis hast, dass die Hausarbeit bei euch gerechter verteilt wird, oder du dir mehr Nähe in deinen Freundschaften wünschst, bist du auf das Mitwirken anderer angewiesen.

Wie kannst du dein Bedürfnis so kommunizieren, dass andere Lust bekommen, dich bei seiner Erfüllung zu unterstützen?
Der amerikanische Psychologe und Mediator Marshall Rosenberg hat das weltweit bekannte Konzept der sogenannten Gewaltfreien Kommunikation entwickelt. Eine Methode, in der es darum geht, deinem Gegenüber dein Bedürfnis ohne Vorwurf und ohne Kritik, als reine Ich-Botschaft mitzuteilen.
Es würde hier den Rahmen sprengen, weiter auf diese Methode einzugehen, aber ich kann dir sehr empfehlen, dich genauer damit zu beschäftigen, wenn du lernen willst, wirkungsvoller zu kommunizieren.

Hinter jedem Verhalten steckt ein grundlegendes Bedürfnis.

Hier nur so viel: Ein wesentliches Element der Gewaltfreien Kommunikation ist die *Selbstempathie*. Damit ist die Fähigkeit gemeint, dich selbst wahrnehmen und erspüren zu können – genau das, was wir gerade besprochen haben – und wohlwollend mit dir umzugehen. Es geht um eine offene, wertfreie Wahrnehmung deiner Innenwelt, damit du besser zuordnen kannst, warum du dich in bestimmten Situationen so verhältst, wie du dich verhältst.
Nehmen wir an, du bist ständig genervt von deinem Partner. Da könnte es gut sein, dass du, wenn du ein wenig tiefer gräbst, bemerkst, dass deine Genervtheit ursächlich gar nichts mit dem Partner zu tun hat, sondern daher rührt, dass du mit dir und deiner eigenen Entscheidungsunfähigkeit unzufrieden bist. Dann nutzt du nur jeden kleinsten Auslöser bei deinem Gegenüber, um deinem Ärger Luft zu machen. Wenn du dir selbst gegenüber empathisch bist, erkennst du, was du gerade eigentlich denkst, fühlst, brauchst und willst. In diesem Fall wäre es aufrichtig, deinem Partner zu erklären, dass du gerade ziemlich gereizt und getriggert von seinem Verhalten bist, dir aber bewusst ist,

dass der wahre Triggerpunkt viel tiefer in dir und euren Beziehungsmustern liegt. Und dann kannst du deinen Partner fragen, ob er bereit wäre, das mal zusammen mit dir anzuschauen.
Es ist nicht übertrieben zu sagen, dass es lebensverändernd sein kann, deine Kommunikation in diesem Sinne neu zu justieren. Natürlich braucht es von beiden Seiten eine gewisse Bereitschaft, dem anderen offen zuzuhören und seine Bedürfnisse zu berücksichtigen. Möglicherweise ist es in deiner jetzigen Beziehung zu spät dafür, weil sich (zu) viele negative Gefühle aufgestaut haben und ihr kein Interesse mehr daran habt, dem anderen entgegenzukommen. Doch es gibt im Alltag tausend andere Gelegenheiten, wo du dies praktizieren kannst.

Sich um die eigenen Bedürfnisse zu kümmern,
ist kein Luxus, sondern Selbstfürsorge.

In dem Moment, wo du all deine Gefühle und Bedürfnisse spürst und zulässt, wird sich für dich zeigen, in welche Richtung du dein Leben gestalten möchtest. Es kann sein, dass dies deine Entscheidung, dich zu trennen, noch bestärkt. Umgekehrt kann sich dadurch aber auch herausstellen, dass du der Beziehung noch mal eine Chance geben möchtest.
PS: Damit wir uns nicht missverstehen: Aus dem Alter des schreienden Säuglings bist du raus, das heißt, es ist nicht nötig, dass dir jedes Bedürfnis sofort erfüllt wird. Es geht hier eher um das Grundsätzliche. Wenn du in einer Freundschaft oder Partnerschaft gerade mal keine Verbundenheit spürst, weil ihr euch gestritten habt, ist das völlig okay – und gut, dies »aushalten« zu können, auch wenn es unangenehm ist. Wenn es mit dieser dir eigentlich nahestehenden Person aber praktisch nie ein ungetrübtes Verbundenheitsgefühl gibt, solltet ihr euch zusammensetzen.

2. »SO BIN ICH NUN MAL« – WELCHE GLAUBENSSÄTZE PRÄGEN DICH?

»Ich bin nicht gut genug«, »Ich werde versagen«, »Ich bin es nicht wert, geliebt zu werden«, »Die anderen werden über mich lachen«, »Die Welt ist ein gefährlicher Ort«, »Jeder ist nur auf seinen Vorteil bedacht«, »Man darf anderen Menschen nicht trauen«.

Hast du schon einmal darauf geachtet, dass dich bestimmte Gedanken über dich, deine Mitmenschen und dein Umfeld durchs Leben begleiten? Dass sie in unterschiedlichsten Situationen immer wieder auftauchen? Solche verallgemeinernden Sätze wie die obigen werden als *Glaubenssätze* bezeichnet, Überzeugungen über dich und die Welt, die ganz tief in dir verankert sind.

Wir alle tragen solche Glaubenssätze in uns, die uns erzählen, wie wir sind und wie die Welt ist, was wir können und nicht können.

Die meisten dieser Glaubenssätze stammen aus unserer Kindheit. Aus frühen Lebenserfahrungen und dem, was unsere Eltern oder andere Bezugspersonen uns vermittelt haben, als wir klein waren. Oft spiegeln sie ihre Sicht auf die Welt und uns selbst wider, die wir als Kinder dann unhinterfragt übernommen und uns zu eigen gemacht haben.

Das Perfide an Glaubenssätzen ist: Sie sind in der Regel unbewusst. Das heißt, wir wissen nicht, dass wir sie haben, sondern halten das, was wir da denken, schlicht für die Wahrheit. Und je nachdem, was diese Sätze besagen, sodenken, fühlen und verhalten wir uns. Glaubenssätze sind die Säulen unseres Seins.

Lass das erst einmal sacken.

Wir reden ja so gern vom freien Willen und meinen, wir ganz allein würden entscheiden, was wir denken und tun, wann wir etwas anfangen oder beenden, was wir für gut oder schlecht halten. Doch diese Annahme ist nicht richtig. Unsere Glaubenssätze haben riesigen Einfluss darauf, was wir uns zutrauen, wie wir Dinge einschätzen, was wir für möglich und für unmöglich halten.

Du kennst sicher den Spruch: »Egal, was du glaubst, du wirst recht behalten.« Er stimmt. Denn unbewusst wirst du dich entsprechend deiner Überzeugung verhalten, um sie bestätigt zu bekommen. Das gibt Sicherheit, so absurd das klingen mag.

Ein Beispiel: Du hast eine schwierige Aufgabe vor dir und einer deiner Glaubenssätze lautet: »Wenn es schwer wird, laufe ich zur Höchstform auf.« Was glaubst du, wie du mit der Schwierigkeit umgehst?

Und jetzt stell dir vor, du hast dieselbe schwierige Aufgabe vor dir und dein Glaubenssatz lautet: »Ich schaffe es ja doch nicht.« Wie gehst du in diesem Fall mit dem Problem um? Und in welchem Fall wirst du die Aufgabe meistern?

Siehst du.

Glaubenssätze haben wir in Bezug auf alle möglichen Lebensbereiche, auch in Bezug auf unsere Beziehung und unseren Partner. Etwa: »Mein Partner sieht mich nicht«, »Ich darf meinem Partner meine Gefühle nicht zeigen, sonst verletzt er mich« oder »Wenn ich Fehler mache, werde ich von meinem Partner abgelehnt«.

Es ist nicht schwer, sich vorzustellen, welch negativen Einfluss solche Gedanken auf unser Zusammensein mit einem anderen Menschen haben kann. Aber jetzt kommt die gute Nachricht:

Glaubenssätze lassen sich verändern.

Die (limitierenden) Glaubenssätze, die wir im Moment mit uns herumtragen, sind nicht unser Schicksal; wir können sie verändern und durch andere, hilfreichere Glaubenssätze ersetzen. Die gibt es nämlich ebenso. »Mein Partner liebt mich so, wie ich bin«, »Selbst wenn ich mich mal ungerecht verhalte, stellt mein Partner die Beziehung nicht gleich infrage«, »Ich bin ein liebenswerter Mensch, auch wenn ich nicht perfekt bin«. Mit Glaubenssätzen dieser Art wird viel mehr möglich in unserem Leben; unser Denken und Handeln wird freier, effektiver und konstruktiver werden.

Stellt sich die Frage: Was müssen wir tun, um unsere limitierenden Glaubenssätze durch befreiende zu ersetzen?

Im ersten Schritt geht es darum, dass wir unsere Glaubenssätze erst einmal als solche erkennen, sie also ins Licht des Bewusstseins holen. Doch wie geht das?

Wie schon gesagt beinhalten Glaubenssätze oft Verallgemeinerungen oder absolute Aussagen wie »alle, keiner, immer, nie, müssen, sollen« etc. Du kannst ihnen auch auf die Schliche kommen, wenn du darauf achtest, ob du bestimmte Vorannahmen darüber hast, wie eine Situation ausgehen wird. Denke an Momente, in denen du dich blockiert fühlst, dich ärgerst, schämst oder traurig bist. Gut möglich, dass ein bestimmter negativer Glaubenssatz dieses Gefühl auslöst.

Wir sind nicht das, was uns geschieht.
Wir sind, was wir entscheiden zu sein.

Wenn du so einen Glaubenssatz identifiziert hast, kannst du damit arbeiten. Diese Arbeit ist ein weites und interessantes Feld. Byron Katie, eine der bedeutendsten spirituellen Lehrerinnen der Gegenwart, hat dafür eine enorm wirkungsvolle Methode namens *The Work* entwickelt. Mit The Work kannst du deine limitierenden Glaubenssätze hinterfragen, wodurch ihr Einfluss auf dich schwächer wird. Viele Menschen stellen sogar fest, dass sich ihre Gedanken und Überzeugungen mithilfe von The Work radikal verändern.

Wir kommen gleich dazu, wie das geht. Vorher noch ein Wort zu Byron Katie selbst, da sie das beste Beispiel für die Wirksamkeit dieser Glaubenssatzarbeit ist. Sie litt viele Jahre unter schweren Depressionen. Irgendwann, so berichtet sie, sei ihr klar geworden, dass nicht die Welt der Grund für ihre Depressionen war, sondern ihre Überzeugungen über die Welt. Statt weiter darauf zu beharren, dass die Welt anders sein solle, fing sie an, ihre Überzeugungen zu hinterfragen und die Wirklichkeit so zu sehen, wie sie ist. Seither ist sie glücklich und fühlt sich frei – und das merkt man ihr deutlich an.

The Work ist eine denkbar einfache Methode, sie besteht im Grunde nur aus vier Fragen und Umkehrungen des jeweiligen Glaubenssatzes. Das sollte jedoch nicht über ihre Wirksamkeit hinwegtäuschen. Nicht ohne Grund wird The Work rund um den Globus in der Workshopwelt eingesetzt. Mit ein bisschen Übung gelingt es uns damit, auch die festsitzendsten Überzeugungen und Gedankenmuster zu hinterfragen und dadurch zu lockern.

Ich empfehle dir: Sei offen und lass dich darauf ein.

Gehen wir das Ganze doch mal am Beispiel eines Satzes durch, den bestimmt so einige von euch als wiederkehrenden Gedanken kennen: »Mein Partner hat in unserer Ehe versagt.«

Versetz dich in eine konkrete Situation, in der du diesen Satz gedacht hast: Wo warst du, was ist passiert, wie hast du dich gefühlt?

Wie die Arbeit mit The Work abläuft

Mein Partner hat in unserer Ehe versagt.

1. Frage: Ist das wahr?

Bleib innerlich in diesem konkreten Moment. In dieser Situation: Dein Partner hat in eurer Ehe versagt. Ist das wahr? Nimm die Frage wörtlich, halte inne und schau, welche Antwort in dir auftaucht. Beantworte die Frage nur mit Ja oder Nein. Wenn die Antwort Nein lautet, kannst du gleich zur 3. Frage übergehen.

2. Frage: Kannst du mit absoluter Sicherheit wissen, dass das wahr ist?

Auch hier wieder: Bleibe in der Situation, die du ausgewählt hast. Dein Partner hat in eurer Ehe versagt. Kannst du mit absoluter Sicherheit wissen, dass das wahr ist?

Lass dir wieder Zeit für die Antwort und schau, was auftaucht. Auch hier lautet sie wieder Ja oder Nein.

3. Frage: Wie reagierst du, was passiert, wenn du diesen Gedanken glaubst?

Wie reagierst du in der Situation, die du vor Augen hast, wenn du glaubst, dass dein Partner in eurer Ehe versagt hat? Wenn du magst, schließ die Augen und lass dir Zeit mit der Antwort. Welche Gefühle kommen hoch, wenn du diesen Gedanken glaubst? Was für Körperempfindungen kannst du wahrnehmen? Fängt dein Herz an zu rasen, spürst du Hitze in dir aufsteigen? Vielleicht verkrampft sich dein Bauch oder deine Kehle zieht sich ein Stückchen zu? Beobachte genau, was mit dir passiert, und lass es zu. Bringt dieser Gedanke Stress oder Entspannung in dein Leben?

4. Frage: Wer wärst du ohne den Gedanken?

Dein Partner hat also in eurer Ehe versagt – wer wärst du ohne den Gedanken? Wie wäre es, wenn es diesen Gedanken in deinem Kopf nicht mehr gäbe? Wenn du ihn einfach nicht denken könntest? Wie fühlt sich das an? Schließ wieder die Augen und spüre in dich hinein. Wie ist es, frei davon zu sein?
Beobachte deinen Körper, deine Mimik. Was passiert mit dir? Lächelst du vielleicht leicht? Kannst du (endlich) durchatmen? Sinken deine Schultern nach unten?
Lass die Vorstellung, wie dein Leben ohne diesen Gedanken wäre, auf dich wirken, bevor wir zum nächsten Schritt gehen.

Die Umkehrungen

Mithilfe der Umkehrungen kannst du prüfen, ob der gegenteilige Gedanke auch wahr sein könnte. So kannst du weiter an dem

Glaubenssatz rütteln, der aktuell Teil deines Fundamentes ist. Los geht's:

Kehre den Satz als Erstes zu dir selbst um. Aus »Mein Partner hat in unserer Ehe versagt« wird dann in der ersten Umkehrung: »*Ich* habe in unserer Ehe versagt.«

Lass diesen Satz, gern bei geschlossenen Augen, auf dich wirken. Finde mindestens drei für dich passende Beispiele, weshalb dieser Satz auch wahr sein könnte.

Beispiele: »Ich habe in unserer Ehe versagt, weil ich meinem Partner öfter nicht die Wahrheit gesagt habe.«

»Ich habe nicht versucht, mit meinem Partner darüber zu sprechen, als die Situation sich immer mehr anspannte.«

Die zweite Umkehrung lautet: »Unsere *Ehe* hat für meinen Partner versagt.«

Inwiefern könnte dieser Satz wahr sein? Finde auch hierfür drei Beispiele. Etwa: »Unsere Ehe hat meinem Partner die Freiheit genommen, die ihm so wichtig war. Daher hat sie für ihn versagt.«

»Unsere Ehe hat das Leben meines Partners monoton und langweilig gemacht.«

Und schließlich die dritte Umkehrung: »Mein Partner hat in unserer Ehe *nicht* versagt.«

Nun finde Situationen, in denen er gerade nicht versagt, sondern geglänzt hat. Wo hat er definitiv das Gegenteil von versagt? Zum Beispiel: »Er hat alle Urlaube akribisch geplant, damit wir schöne Quality Time miteinander verbringen können.«

»Er hat mir ein sorgenfreies Leben bereitet und mir viel Aufmerksamkeit entgegengebracht.«

Nimm diese Beispiele mit in deinen Alltag. Wenn du willst, versuche, den Glaubenssatz, den du bearbeitet hast, neu aufzustellen. Denke an das Gefühl, das du hast, wenn dich die Wut, dass dein Partner versagt hat, wieder überkommt. Du wirst sehen – mit ein bisschen Übung wirkt es Wunder.

HILFREICHE GLAUBENSSÄTZE FINDEN

Glaubenssätze sind wichtig für uns alle. Sie geben uns Halt und Orientierung im Alltag. Sie helfen uns, Entscheidungen zu treffen, und können uns kognitiv entlasten, weil wir nicht alles neu denken müssen. Unser System baut so stark darauf auf, dass wir sie nicht einfach eliminieren können, auch die nicht, die uns limitieren oder runterziehen. Aber wie du gerade gesehen hast, können wir sie hinterfragen, sodass sie ihre Macht verlieren, und bei Bedarf durch hilfreichere Glaubenssätze ersetzen.

Welcher Glaubenssatz könnte in unserem Beispiel deine neue Stütze sein? Gelingt es dir, Überzeugungen wie »Mein Partner hat gar nicht versagt« in dein Glaubenssystem zu integrieren? Das wäre die Champions League. Aber auch kleinere Schritte sind erstrebenswert. Vielleicht kannst du den Gedanken »Meinem Partner verdanke ich viele schöne Jahre in meinem Leben« oder »Mein Partner ist und bleibt ein aufrichtiger, hilfsbereiter Mensch« als Glaubenssatz etablieren.

Wichtig ist, dass dein neuer Glaubenssatz Eingang in deinen Alltag findet. Erinnere dich an ihn durch einen Post-it am Kühlschrank, eine Notiz in deinem Kalender oder Ähnliches. Bei hartnäckigen Glaubenssätzen musst du The Work unter Umständen mehrmals wiederholen, um ihnen die Macht zu nehmen und andere an ihre Stelle setzen zu können. Stück für Stück kannst du so auflösen, was dich bremst und begrenzt. Hier ein paar Beispiele für weitere Glaubenssätze, die du, falls du dich in einer Trennung befindest, vielleicht ersetzen möchtest.

- »Ohne Partner habe ich keinen gesellschaftlichen Anschluss.«
- »Ich finde nie wieder einen Partner.«
- »Ich kann nicht alleine sein.«
- »Ohne Partner falle ich meinen Mitmenschen zur Last.«

Letzterer Glaubenssatz ist mir aus einer Coachingsituation bekannt. Die Frau, die ich gecoacht habe, lebte seit mehr als einem Jahr getrennt von ihrem Mann. Nun standen die Feiertage vor der Tür und der Gedanke daran machte ihr schwer zu schaffen. Sie hatte Angst, sich an diesen Tagen allein und isoliert zu fühlen. Die Trennung hatte sich auf den gesamten ehelichen Freundeskreis ausgewirkt und bei Feierlichkeiten fühlten die Freunde sich in einer Zwickmühle, welchen der beiden Ehepartner sie einladen sollten. Davon zumindest war meine Coachee überzeugt.

Neue Glaubenssätze – neues Mindset

Im Rahmen des Coachings konnten wir herausarbeiten, dass diese Vorstellung nur in ihrem Kopf existierte. Die Frau hatte nicht real mit Absagen oder Ablehnung von Freunden zu kämpfen. Für sie gab es aber eine enorm große Hürde, das Telefon in die Hand zu nehmen und Freunde zu fragen, ob sie mit ihr etwas unternehmen wollten, weil sie davon überzeugt war, eine Belastung zu sein. Den Glaubenssatz »Ich bin eine Belastung, wenn ich meine Freunde anrufe, um mich zu verabreden« konnten wir schließlich ersetzen durch »Ich bin eine Bereicherung, wenn ich meine Freunde anrufe, um mich zu verabreden«.
Das Coaching versetzte sie in die Lage, zwei schöne Verabredungen für die Feiertage zu vereinbaren. Den Rest der Zeit verbrachte sie gemütlich allein zu Hause und war sehr glücklich damit.
Wenn sie jetzt den Telefonhörer in die Hand nimmt, tut sie dies mit der Vorstellung, den Anrufer mit ihrer Idee oder Planung zu inspirieren und zu erfreuen. Das ist für ihren weiteren Weg richtungsweisend, da das Gefühl, durch die Trennung isoliert zu sein, weg ist und auch die Sehnsucht nach der vergangenen Beziehung nicht mehr existiert.
So vieles ist Kopfsache. Das müssen wir uns immer wieder bewusst machen. Nicht das, was die Leute über uns denken, beschneidet uns in unseren Gedanken und Handlungen, sondern das, von dem wir *annehmen*, dass die Leute es denken. Mach dich frei davon. Die Realität sieht meist ganz anders aus, als du glaubst.

Exkurs: People Pleaser

Der Gedanke »Ich muss von allen gemocht werden« ist einer der hartnäckigsten und mitunter destruktivsten Glaubenssätze überhaupt.

Kennst du den Begriff *People Pleaser*? Das sind Menschen, die diesen Satz praktisch in ihre DNA geschrieben haben. Was immer sie tun, ihr größtes Bedürfnis ist es, von anderen Menschen gemocht zu werden. Deshalb wollen sie ihnen möglichst alles recht machen. Für das Gegenüber ist das meist äußerst angenehm, aber wie geht es dir, wenn du zu den People Pleasern gehörst?

- Du handelst nicht aus freien Stücken, sondern vor allem, um Ablehnung und Isolation zu vermeiden.
- Du bist getrieben von dem tiefen Wunsch nach Akzeptanz.
- Du willst um Himmels willen nicht egoistisch wirken.
- Du verbiegst dich, bis du schließlich brichst.

Und weil wir uns unbewusst immer suchen, was zu uns passt, treffen Menschen mit Gefallsucht in Beziehungen oft auf egomane Menschen. Das Bestreben des People Pleasers, gemocht zu werden und daher die Bedürfnisse des Partners zufriedenzustellen, wird einige Zeit der Klebstoff der Beziehung sein. Für dich als People Pleaser geht das so lange gut, bis:

- du bemerkst, dass du trotz aller Bemühungen dein Gegenüber nicht zufriedenstellen kannst,
- du checkst, dass du für die Gefühle anderer nicht verantwortlich bist,
- du dich fragst, wo der Ursprung deiner Aufopferung liegt,
- und dann erkennst, dass du anders als im Säuglings- oder Kindesalter auch überleben kannst, ohne zu gefallen,
- du Bedürfnisse anderer nicht mehr über deine eigenen stellst
- und schließlich die eigene Identität mit allen Ecken annimmst.

So. Und ab da wird's kompliziert. Aber nur für die anderen und nicht mehr für dich.

3. LERNGESCHENKE STATT OPFERHALTUNG: WIE DU AN DEINER SITUATION WÄCHST

Wenn Promis sich scheiden lassen, liefern sie sich gern Schlammschlachten vor den Augen der Öffentlichkeit. Schließlich ist das eine wunderbare Gelegenheit, um Aufmerksamkeit zu generieren. Natürlich geht es darum, sich selbst dabei in ein gutes Licht zu rücken und sich so die Sympathie und den Support der Fans zu sichern. Und was gäbe es dafür Besseres, als sich als das arme, bedauernswerte Opfer darzustellen?

Bei uns Normalsterblichen ist das nicht viel anders. Nach einer Trennung werden Freunde und Bekannte oft als Regisseure und Castingagenten missbraucht, um für den anstehenden Trennungskrimi Opfer- und Täterrollen zu besetzen.

Natürlich wollen wir von unseren Freunden für die Opferrolle gecastet werden. Noch besser ist es, wenn wir auch die Agenten des Ex-Partners überzeugen können. Denn wer will schon Täter sein?

Was aber machst du, wenn du die Zusage für die Opferrolle erhalten hast? Korken knallen lassen und Text lernen? Ich sag's dir: Lehn die Rolle ab und geh in die Verantwortung!

Warum?

- weil du in der Opferrolle nahezu handlungsunfähig bist
- weil dir mit der Annahme, ein Opfer zu sein, kein Stück geholfen ist
- weil du nicht weiterkommst in der Verarbeitung deiner Trennung, solange du dich im Opferkreis drehst
- weil die Kraft der Anziehung dich sonst in (neue) Opfersituationen bringen wird
- weil Opfergedanken dann letztlich dein Schicksal werden
- weil niemand anders als du realistisch die Regie für dein Leben übernehmen kann.

Es ist nachvollziehbar und in Ordnung, wenn du dich nach einer Trennung eine Weile wie ein Opfer fühlst und benimmst, doch wenn du in dieser Rolle stecken bleibst, dann bleibst du Teil des Systems und nimmst dir die Chance, an eurem Scheitern zu wachsen. Um aus dem, was in deiner Ehe schiefgelaufen ist, zu lernen, musst du Verantwortung übernehmen, verstehen, was dein Anteil daran war, und wissen, wie du es in Zukunft besser machen kannst. Daher rate ich dir:
Wirf das Opferskript weg und sprich lieber für die Rolle als Superman oder Superwoman vor. Schließlich willst du dich doch als strahlender Hauptdarsteller im Film deines Lebens fühlen, und das geht nicht, wenn du gleichzeitig den Part des ewigen Opfer mimst.
Werde aktiv, indem du das, was passiert ist, nämlich das Zerbrechen deiner Beziehung, als Lerngeschenk annimmst, daraus lernst und daran reifst. So wirst du zum Star deines Lebens.

Lern|ge|schenk, das

*Substantiv, Neutrum
*Gen.: des Lerngeschenk[e]s
*Plural: die Lerngeschenke
*Def.: Zumutung mit Chance zum Wachstum
*Syn.: positive Anstrengung, Herausforderung

So oder ähnlich könnte man wohl den Begriff »Lerngeschenk« im Duden nachschlagen, wenn es das Wort denn tatsächlich gäbe. Ich benutze diese Wortschöpfung gern, da sie zu einer wohlwollenden und offenen Herangehensweise an die Herausforderungen einlädt, die das Leben für uns bereithält. Eben auch an eine Trennung. Zugegeben, im Gegensatz zu einem Geschenk im herkömmlichen Sinn freut man sich zunächst nicht darüber, wenn man vom Leben ein Lerngeschenk überreicht bekommt. Noch weniger ist man scharf darauf, für bestimmte Lerngeschenke ein Abo zu haben.

Das werden wir jedoch bekommen, wenn wir sie nicht annehmen und uns mit dem, was uns das Leben damit sagen will, auseinandersetzen. Wir werden immer wieder mit den gleichen Herausforderungen konfrontiert sein, denselben Themen begegnen und an die gleiche Art »schwierigen Partner« geraten (selbst wenn er eine ganz andere Verpackung hatte als der davor), bis wir aufhören, den anderen oder die Welt für das Problem zu halten. Solange wir uns den Schwierigkeiten, die Leben und Beziehung bereithalten, nicht stellen, sie nicht bearbeiten und daran reifen, werden wir uns bedauern und Fragen stellen wie »Warum immer ich?« oder »Warum passiert das immer mir?«.

Denn merkst du was? Das sind Fragen für die Opferrolle. Wenn du das, was dir im Leben an Herausforderungen begegnet, als Lerngeschenk betrachtest, tauchen ganz andere Fragen auf: »Wie kann ich mich so aufstellen, dass ich dieser Herausforderung klug entgegentrete?«, »Was kann ich tun, damit ich aus der Situation gestärkt hervorgehe?«, »Wie muss ich mein Mindset ändern, um hier zu reüssieren?«

Ich lade dich ein, direkt zur Tat zu schreiten und deine innere Haltung diesen acht Tipps entsprechend zu modifizieren.

Wie du aus der Opferrolle aussteigst und Lerngeschenke annimmst

- **Erkenne**, dass du eine Opferhaltung angenommen hast. Das ist der erste Schritt. Du merkst es an deinem Selbstmitleid.
- **Lerne**, dein eigenes Verhalten ehrlich zu beurteilen – auch wenn du dabei keine gute Figur abgibst.
- **Höre** dir selbst zu: Negative Selbstgespräche ziehen dich runter und lähmen dich. Ändere sie.
- **Übernimm Verantwortung**. Du hast immer eine Wahl.
- **Akzeptiere**, was du nicht ändern kannst, und konzentriere dich auf das, was in deinem Einflussbereich liegt (deine Gedanken, Gefühle und Handlungen).

- **Lerne, Nein zu sagen.** Auch wenn es unangenehm ist: Setz klare Grenzen. Du hast dein Wohlbefinden selbst in der Hand.
- **Fokussiere** dich auf Lösungen, nicht auf Probleme. Frag dich, was dein Anteil an einer bestimmten Situation ist, und mach's besser.
- **Verzeihe** dir selbst und anderen. Wir alle machen Fehler. Halt dich nicht damit auf, sie dir oder anderen vorzuhalten. Kläre die Situation, damit sie nicht wieder passiert, und dann geh weiter.

Fallen dir spontan Lerngeschenke ein, die du (noch) nicht auspacken willst? Kannst du dich mithilfe der acht Tipps vielleicht doch ans Auspacken machen?
Ich verspreche dir, du wirst ein gänzlich anderes Lebensgefühl verspüren, wenn du dich entscheidest, *Ja* zu Lerngeschenken zu sagen. Wenn du diese Tipps umsetzt, wirst du ein neues Mindset entwickeln, das dich dorthin bringt, wo du sein willst. Lerngeschenke sind vom Umtausch ausgeschlossen, aber sie bieten die Chance zu Wachstum und innerer Freiheit, wenn du sie annimmst. Die Heldenrolle ist dir dann sicher!

Lässt du dich triggern oder stehst du für eine neue Form der Kommunikation? Du hast immer die Wahl.

Eines der größten Lerngeschenke von allen ist wohl die Erkenntnis, dass du andere Menschen nicht ändern kannst. (Wirklich nicht!) Du musst dich selbst verändern und Entscheidungen treffen, wenn etwas anders werden soll. Mit »Entscheidung treffen« meine ich nicht zwingend die Trennung von deinem Partner. Du kannst dich auch dafür entscheiden, bewusst nicht mehr in bestimmte Kommunikationsfallen zu tappen, dich weniger triggern zu lassen oder klar deinen Anteil an euren Problemen zu sehen, um die Beziehung neu aufzustellen. Du hast immer die Wahl!

Mich hat genau dieses Lerngeschenk, dass man andere Menschen nicht ändern kann, viel gekostet und ich habe es ehrlich gesagt an verschiedenen Stellen in meinem Leben überreicht bekommen, bis ich es irgendwann ausgepackt und angenommen habe.

Exkurs: Erkenntnisreiche Lerngeschenke

Lerngeschenke müssen übrigens nicht immer tragisch sein. Sie sind manchmal auch einfach nur erkenntnisreich.
Eines der schönsten Lerngeschenke im Zusammenhang mit der Trennung von meinem damaligen Ehemann und Vater meines Kindes habe ich relativ zeitnah nach seinem Auszug erhalten – und zwar von meinem Sohn. Er ging damals noch in den Kindergarten. Jeden Freitag war Mitbring-Tag. Das bedeutete, dass alle Kinder von zu Hause ein Kuscheltier, ein Spiel oder Ähnliches mitbringen durften, um es den anderen Kindern zu zeigen.
Am Donnerstagabend kam mein Sohn zu mir und hatte aus einer Kiste das Hochzeitsalbum von mir und meinem Ex-Mann herausgekramt. Er hielt es hoch und sagte zu mir: »Mama, das möchte ich morgen gern mit in den Kindergarten nehmen.«
Ich schluckte. Dann fragte ich: »Warum?«
Er: »Na, weil da war noch Liebe und ich möchte es allen zeigen.«
Ich kämpfte mit den Tränen und mir war klar – das Geschenk, das mir das Leben machte, lautete: Mein Kind liebt uns beide und wünscht sich, dass auch wir uns als Eltern noch immer lieben.
Dieses Geschenk hätte ich nicht gebraucht in der Situation, aber ich habe es ausgepackt und angenommen. Ich versprach mir, meinem Sohn diese Gewissheit trotz der Trennung zu geben, nämlich dass wir uns als Eltern weiterhin respektieren und schätzen würden, weil ihm das offenbar so wichtig war. Der Weg, das zu schaffen, war nicht immer leicht, aber mein Ex-Mann und ich haben es hinbekommen und sind bis heute Freunde geblieben.

4. 44 FRAGEN, UM DICH SELBST NEU KENNENZULERNEN

Du hast es gemerkt: In diesen ersten beiden Teilen des Buches geht es vor allem darum, dich selbst besser kennenzulernen und dich mit dir selbst auseinanderzusetzen.
In diesem Kapitel möchte ich dich einladen, dies auf eine spielerische Weise zu tun. Die folgenden 44 Fragen sind ein Angebot, um mit dir selbst, mit deinen Werten, Wünschen, Vorlieben, Abneigungen, Erinnerungen, Zielen, Träumen, Hoffnungen, Ängsten, Begabungen, Errungenschaften, Talenten und Hobbys in Kontakt zu kommen. Oder einfach gesagt: um herauszufinden, was dich als Mensch ausmacht.
Verfahre damit, wie du magst. Du kannst sie dir hintereinanderweg durchlesen und schauen, was für Antworten spontan aufploppen, du kannst dir Papier und Stift nehmen und die Fragen ausführlich beantworten (natürlich nicht alle auf einmal) oder du suchst dir morgens immer jeweils eine Frage raus, die dich besonders anspricht, und lässt sie den Tag über auf dich wirken. Sei gespannt, was sich für Antworten zeigen werden. Du wirst mehr über dich erfahren, als du jetzt vielleicht denkst.
Viel Freude dabei!

1. Was sind die drei wichtigsten Werte in deinem Leben?
2. Welche Ereignisse in deiner Vergangenheit haben dein Vertrauen in dich selbst gestärkt?
3. Was würdet du tun, wenn du ab heute nicht mehr arbeiten müsstest?
4. Wofür bist du deinem Körper besonders dankbar?
5. Welche Rolle spielt deine Vergangenheit für dein gegenwärtiges Leben und inwieweit beeinflusst sie deine Zukunft?
6. Was bedeutet für dich »Erfolg«?
7. Wofür stehst du ein, auch wenn es schwer ist?

8. Was bedeutet für dich eine gute Freundschaft?
9. Welche Überzeugungen über dich selbst möchtest du verändern?
10. Welche Glaubenssätze hast du über Erfolg und Scheitern und wie wirken sie sich auf dein Handeln und deine Entscheidungen aus?
11. Wenn dein Körper dir direktes Feedback geben könnte: Was würde er dir sagen und worum würde er dich bitten?
12. Wann hast du das Gefühl, im »Flow« zu sein, und was ermöglicht dir dieses Gefühl der Leichtigkeit und Erfüllung?
13. Welche Prinzipien leiten deine Entscheidungen im Leben?
14. Welche Erwartungen hast du an dich selbst und wie realistisch oder hilfreich sind diese Erwartungen?
15. Was sind deine tiefsten Überzeugungen über das Leben und inwieweit stimmen sie mit deinen Handlungen und Entscheidungen überein?
16. Was würdest du tun, wenn du keine Angst hättest?
17. Was möchtest du von deinen Mitmenschen, aber bist selbst nicht bereit, es zu geben?
18. Wie stark beeinflussen die Erwartungen anderer dein Handeln?
19. In welchen Bereichen deines Lebens möchtest du dich weiterentwickeln?
20. Wie reagierst du auf Herausforderungen und Rückschläge?
21. In welcher Weise reflektieren deine Beziehungen deine Selbstwahrnehmung?
22. Was sind Dinge, die dir leichtfallen, und wie kannst du diese Talente besser nutzen?
23. Welche Menschen aus deiner Vergangenheit haben deinen Lebensweg maßgeblich beeinflusst?
24. Welche Emotionen tauchen am häufigsten in deinem Leben auf und was könnten sie dir über unbewusste Bedürfnisse oder Ängste sagen?
25. Was würde passieren, wenn du deine Komfortzone verließest?
26. Welche Eigenschaft von dir schätzen andere besonders?

27. Welche Kindheitserinnerungen sind für dich besonders wichtig?
28. Was würdest du tun, wenn Geld keine Rolle spielte?
29. Welche Träume hast du, denen du bisher nie gefolgt bist, und warum nicht?
30. Was würde dich glücklich machen, auch wenn du alles andere im Leben verlieren würdest?
31. Wenn du wüsstest, dass du nicht scheitern kannst, was würdest du dann tun?
32. Wie sieht dein idealer Tag aus?
33. Wie würdest du dich selbst beschreiben, wenn du deine Stärken und Schwächen objektiv betrachtest?
34. Welche Art von Person möchtest du in fünf Jahren sein und was hindert dich daran, diese Person schon jetzt zu sein?
35. Was ist das Verrückteste, was du je getan hast?
36. Was sind die tiefsten Wünsche und Bedürfnisse, die dich in deinem Leben leiten, auch wenn sie nicht immer offen zutage treten?
37. In welchen Momenten fühlst du dich vollständig im Einklang mit dir selbst und der Welt?
38. Wenn du alles erreichen könntest, was du dir vorstellst, wie würde dein Leben dann aussehen?
39. Welche Routinen und Gewohnheiten unterstützen dich dabei, ein glückliches und erfülltes Leben zu führen?
40. Welche Dinge geben dir Kraft, wenn du dich leer oder erschöpft fühlst?
41. Was würdest du tun, wenn du auf niemanden Rücksicht nehmen müsstest?
42. Wer sind die fünf Menschen, deren Leben du in irgendeiner Weise bereichert hast?
43. Wofür schämst du dich?
44. Was ist die größte Herausforderung, die du bisher gemeistert hast?

5. DEINEN SCHATTEN INTEGRIEREN: WIE DU NEUE LEBENSENERGIE FREISETZT

Wo Licht ist, ist auch Schatten. Diesen Spruch hast du bestimmt schon gehört. Er trifft auch auf uns Menschen und unsere Persönlichkeit zu. Wir alle haben helle Anteile in uns wie Optimismus, Großzügigkeit, Nächstenliebe, Kreativität, Humor, Ehrlichkeit oder Familiensinn – und wir haben Anteile, die uns eher dunkel erscheinen, wie Egoismus, Geiz, Neid, Eifersucht, Missgunst, Hass oder Selbstbezogenheit. Gemeinhin sind wir darum bemüht, nur die Sonnenseite unseres Wesens zum Vorschein kommen zu lassen. Die dunklen Anteile unserer Persönlichkeit versuchen wir versteckt zu halten; andere sollen sie nicht sehen und wir selbst wollen auch nicht daran erinnert werden. Der Psychoanalytiker C. G. Jung war der Erste, der diese Teile als unseren *Schatten* bezeichnet hat. Mittlerweile ist diese Bezeichnung ein gängiger Begriff in der therapeutischen Arbeit geworden.

Schattenanteile entwickeln sich meist schon früh in der Kindheit. Es sind die Eigenschaften und Verhaltensweisen, die von unseren Eltern oder Bezugspersonen als unpassend empfunden wurden, für die wir ausgeschimpft oder sogar bestraft wurden. Auch Verhaltensweisen, die wir selbst an uns nicht mögen, als unangemessen oder peinlich empfinden und daher lieber versteckt halten, werden zu Schattenanteilen. Und schließlich können solche Anteile auch aus ungelösten Konflikten entstehen oder aus unbefriedigten Bedürfnissen.

Unbefriedigte Bedürfnisse sind die Wurzeln ungelöster Konflikte.

Doch egal, woher sie kommen – deine Schattenanteile gehören zu dir und sind Teil von dir. Sie verbergen zu wollen, bindet sehr viel Kraft und Lebensenergie und führt zu unguten »Unterdrückungsmanö-

vern«. Dein Schatten verschwindet nicht einfach, wenn du ihn unterdrückst oder verdrängst, sondern versucht immer wieder, hervorzutreten. Er ist Teil deiner Persönlichkeit und will von dir gesehen und akzeptiert werden.
Hin und wieder gelingt es deinem Schatten, unvermittelt ans Licht zu kommen, meist ohne Vorwarnung. Dann sagst oder tust du etwas, was dir danach schrecklich unangenehm ist, weil es zeigt, dass du die ungeliebten Anteile eben doch in dir hast.

DIE EIGENEN SCHATTENANTEILE IDENTIFIZIEREN

Du erkennst einen Schattenanteil von dir zum Beispiel daran, dass du ihn auf dein Außen projizierst. Wenn du etwa ein bestimmtes Verhalten oder eine Eigenart an einem anderen ablehnst, kann das daran liegen, dass er damit etwas auslebt, was du auch in dir trägst, dir selbst aber nicht gestattest, es zu leben.
Viele Schattenanteile sind wie gesagt schon in deiner Kindheit entstanden. Wenn dich daher beispielsweise Menschen aufregen, die extrovertiert und laut sind, könnte das etwas damit zu tun haben, dass du dir in deinem Innersten wünschst, ein bisschen mehr nach außen zu strahlen, du diesen in deiner Kindheit unerwünschten Teil deiner Persönlichkeit jedoch versteckt hast.
Wenn es dich triggert, dass Leute stark auf ihre Schönheit fixiert sind, könnte es daran liegen, dass dir dieses Verhalten in der Kindheit verboten wurde und deine Eltern besonderen Wert darauf gelegt haben, dass du dich nicht über Äußerlichkeiten definierst.
Oder deinen Eltern fehlten, als du klein warst, die finanziellen Möglichkeiten, dir deine Wünsche zu erfüllen. Es ist dann nicht unwahrscheinlich, dass du als Schutzraum für dich die Überzeugung entwickelt hast: »Ich brauche kein teures Zeug, um glücklich zu sein«,

und Menschen, die das offenbar »nötig« haben, widern dich nun besonders an.
Ein Schatten kann sich aber auch dadurch zeigen, dass du bestimmte Eigenschaften glorifizierst. Fandest du in deiner Schulzeit den Klassenstar besonders toll und hast zu ihr oder ihm aufgeschaut? Womöglich liegt das daran, dass dir zu Hause beigebracht wurde, immer bescheiden und demütig zu sein. Dein eigener extrovertierter Schatten könnte hierdurch vergraben worden sein und du hast dich entschieden, vom Typ her eher Fan zu werden, obwohl dir das gar nicht liegt.

Am Ende musst und wirst du die Ent-Scheidung treffen, die dein Herz leichter und deine Seele freier macht.

Auch die Eigenschaften, die dich an deinem Partner am meisten triggern, könnten etwas mit deinem Schatten zu tun haben. Vielleicht hast du deinem Partner etwas vorgeworfen, nur weil er das gelebt hat, was du dir nicht gestattest. Spätestens jetzt, wo du vom Schatten weißt, könntest du einmal darüber nachdenken, wo er einen negativen Einfluss auf deine Beziehung hatte. Wo habt ihr euch gestritten, weil dir dein Partner Vorwürfe wegen eines Schattenanteils gemacht und damit Salz in die Wunde gestreut hat?
Vielleicht kannst du nun auch sehen, ob dein Schatten, ohne dass du dir dessen bewusst warst, zu deinem Trennungswunsch beigetragen hat. Womöglich rückt das die Trennung in ein anderes Licht. Denn wenn du weißt, dass dich dein Schatten auch begleitet, wenn deine Beziehung schon längst Geschichte ist, kannst du dich von der Hoffnung verabschieden, mit deinem Partner auch all das loszuwerden, was du an dir nicht magst und was er nur triggert. Und du kannst schauen, ob du mit diesem Wissen und weiterer Persönlichkeitsarbeit nicht doch noch eine Option siehst, die Beziehung fortzuführen.

Wenn nicht, schaffst du dir mit diesem Bewusstsein und einer Portion Schattenarbeit die Möglichkeit, künftige Beziehungen völlig neu aufgestellt zu beginnen.

Indem du deinen Schatten ins Licht holst,
setzt du Lebensenergie frei.

Ich bin ein großer Fan der Schattenarbeit von Debbie Ford. Sie ist der Auffassung, dass Selbsterkenntnis über Schattenarbeit funktioniert. Sie beschreibt, wie wir im Alltag ständig moralisch auf der Hut sind, um nicht unter den Einfluss unserer dunklen Seite zu geraten, und erklärt, was gegen die negativen Wirkungen des Schattens hilft: ihn anzuerkennen und in unsere Persönlichkeit zu integrieren. Das erlaubt uns, sein hemmendes oder destruktives Potenzial zu vermindern und dadurch die Lebensenergie freizusetzen, die wir bislang darauf verwendet haben, die Anteile zu verbergen, die wir an uns selbst nicht annehmen wollen.
Schattenarbeit ist ein tiefgehender, komplexer und enorm transformierender Prozess. Wie er abläuft, wollen wir uns im Folgenden – sehr vereinfacht dargestellt – einmal anschauen. Nehmen wir etwa die Beziehung zu deinem (Ex-)Partner.

Übung: Integriere deinen Schatten

1. Schattenanteile identifizieren

Begib dich an einen ruhigen Ort, wo du ungestört bist.
Atme ein paarmal tief durch und dann frag dich:
»Was hat mich in der Beziehung am meisten an meinem Partner getriggert? Und welchen meiner eigenen (Re-)Aktionen gegenüber habe ich die meiste Ablehnung empfunden?«

Nimm dir Zeit, deine Triggerpunkte aufzuspüren. Schließe die Augen und lass deine Gedanken fließen. Finde passende Bezeichnungen für deine Schattenanteile und notier sie.

2. Die Schattenanteile kennenlernen

Du hast nun, nachdem du einige Schattenanteile identifiziert hast, die Möglichkeit, sie ganz wortwörtlich kennenzulernen. Such dir einen Anteil aus, begrüße ihn, geh mit ihm in einen Dialog und frage ihn:
»Was ist deine Aufgabe in meinem Leben?«
»Was wünschst du dir von mir?«
»Und warum bist du entstanden?«
Nimm die Antworten deines Schattens ernst und lass sie wirken.

3. Schatten annehmen

Jetzt, wo du deinen Schattenanteil kennengelernt hast, versuche, ihn mithilfe der folgenden Fragen liebevoll in dein Leben zu integrieren.

- In welcher Situation könnte mir dieser Anteil nützen?
- In welchen Momenten hat er mich in der Vergangenheit schon geschützt?

Finde für deine Schattenanteile Aufgaben, die es ihnen ermöglichen, auch künftig Teil deines Lebens zu sein, aber eben nicht mehr im Verborgenen, sondern im Licht.
Auf diese Weise kann es dir möglich werden, eine ganz neue Beziehung zu deinem Schatten aufzubauen. Selbst wenn dir dies in deiner jetzigen Beziehung nichts mehr nützt – spätestens in der nächsten Bindung wird es dir zu Wachstum verhelfen.

Wenn es dir gelingt, deine Schattenanteile in deine Persönlichkeit zu integrieren, fällt es dir in Trennungssituationen leichter, Entscheidungen zu treffen. Die Schuldfrage, das schlechte Gewissen, die Ver-

sagensangst und Ähnliches werden dich nicht so auffressen, wie wenn du unreflektiert in deine Trennung purzelst.
Es geht beim Erkennen deiner Schattenanteile nicht darum, Schuld auf dich zu nehmen, sondern darum, ein Verständnis dafür zu entwickeln, dass in einer Beziehung nicht eine Seite der Sonnenanteil und die andere der Schatten ist. Wir alle bestehen aus hellen und dunklen Anteilen. Machen wir uns dies bewusst, wird es in der Trennungsauseinandersetzung leichter, besonnene Lösungen auszuarbeiten, da wir uns von »gut« und »schlecht« hin zu »lösungsorientiert« bewegen. Und soll ich dir etwas Verrücktes sagen? Nur wenn du auch diese Teile deiner Persönlichkeit annimmst, kannst du dein volles Potenzial ausschöpfen, weil du weißt, wo deine Schwachstellen liegen. Die Schwachstellen kannst du nämlich auch als Stärken nutzen, vorausgesetzt, du hast das Bewusstsein hierfür. Ein Beispiel: Die vermeintliche Schwäche, »nah am Wasser gebaut« zu sein, die gerade Männer gern verstecken, kann man auch als positive Eigenschaft in sein Leben integrieren, nämlich ein »gefühlvoller, empathischer Mensch« zu sein.

DIE KONFRONTATION MIT DEM SCHATTEN

In meiner Coachingausbildung habe ich mich viel mit Schattenarbeit befasst und sehe Mandanten im Scheidungsverfahren seither oft mit anderen Augen. Und ich habe dabei auch gelernt: Schatten können in ganz verschiedenen Ausprägungen auftauchen. Sie dann zu erkennen, ist manchmal schwer.
Ich denke an eine Mandantin, die sich von ihrem Ehemann getrennt hatte. Aus eigenem Entschluss. Die Ehe war kinderlos geblieben, bei der Trennung waren beide Eheleute um die fünfzig Jahre alt. Der Ehemann liierte sich nach der Trennung relativ schnell wieder neu. Er hatte nun eine Partnerin, die nicht nur wesentlich jünger war als er, sondern auch Mutter eines Kindes und nur untergeordnet erwerbstä-

tig. Meine Mandantin, die Ex-Ehefrau, konnte das nur schwer verkraften, obwohl die Trennung ja von ihr ausgegangen war. Sie kam nicht umhin, sich zu fragen, warum das so war.
Während der Ehezeit hatte sie, ebenso wie ihr Mann, ihre Karriere vorangetrieben. Ein Kinderwunsch hatte für beide nicht im Vordergrund gestanden, was sicherlich auch mit der eigenen Kindheit meiner Mandantin zu tun gehabt hatte. (Als Kind hatte sie gelernt, Anerkennung über Erfolg zu erhalten. Berufliches Vorankommen und wirtschaftliche Unabhängigkeit hatten für sie daher Priorität. Gleichzeitig waren ihr bereits seit Jugendtagen die Art von Frauen ein Dorn im Auge, die aus ihrer Sicht auf eine »Versorgerehe« aus waren.)

Die Sehnsucht nach Anerkennung
prägt unser Streben.

Doch wie sich herausstellte, lag tief vergraben in ihr ein Anteil, der sich eigentlich genau das gewünscht hätte – einen Mann, der sich um sie kümmert und sie versorgt.
Da sie zu Hause (ihre Mutter hatte sie allein großgezogen) aber ein anderes Frauenbild vorgelebt bekommen hatte und Frauen, die ihr Leben von einem Mann abhängig machten, in den Augen der Mutter als besonders kritikwürdig galten, konnte sie sich das nicht eingestehen.
Als sie sich nach der Trennung von ihrem Ehemann mit genau diesem Modell konfrontiert sah, führte dies bei ihr zu sehr bitteren Gefühlen: Zum ersten Mal in ihrem Leben musste sie sich mit ihrem Schatten auseinandersetzen, der bislang so tief vergraben gewesen war.
Es war offensichtlich, dass meine Mandantin in ihrer Scheidungsauseinandersetzung nicht nur mit den juristischen Herausforderungen kämpfte, sondern auch mit den starken Emotionen, die sie überkamen. Sie hatte plötzlich das Gefühl, ihren Mann zurückhaben zu wollen. Schließlich bot er – nur eben einer anderen Frau – genau das, was

auch sie sich mit einem Anteil ihrer Persönlichkeit immer gewünscht, aber nie zugegeben oder gar eingefordert hätte. Glücklicherweise blieb sie nicht in ihrem Leid hängen, sondern nutzte diese Gelegenheit, um ihren Schattenanteil zu umarmen. Das geschah natürlich nicht über Nacht, sondern begleitete die Scheidungsauseinandersetzung nahezu durchgängig.

Wenn wir in der Kindheit lernen, bestimmte Wünsche und Bedürfnisse, die tief in uns wohnen, zu unterdrücken, dann fühlt sich unser Unterbewusstsein zwangsläufig zerrissen. In der Regel »lösen« wir so einen Fall, indem wir uns für eine Seite entscheiden. Doch wenn wir das, was wir uns eigentlich wünschen, nicht ausleben (aus welchen Gründen auch immer), führt das unweigerlich dazu, dass wir uns von diesem Teil in uns, der dafür steht, distanzieren. In der Folge werden wir uns von Menschen, die diesen Anteil offen leben, enorm getriggert fühlen.

Allein das Bewusstsein dafür, dass der größte Ärger über bestimmte Personen in einem selbst begründet liegt, bringt einen auf dem Weg zu sich selbst ein enormes Stück weiter. Ohne dieses Bewusstsein werden wir der Dysbalance in uns immer begegnen, indem wir bestimmte Persönlichkeitsanteile in uns ablehnen und verleugnen. Debbie Ford spricht in diesem Zusammenhang von Subpersönlichkeiten und lädt dazu ein, diese Persönlichkeitsanteile wieder in Besitz zu nehmen und zu umarmen. Alle Anteile, auch wenn sie unschön sind, wollen angenommen werden.

Alle unsere Anteile verdienen die gleiche Akzeptanz.

Indem wir uns erlauben, mehr so zu sein, wie wir wirklich sind, können wir dies auch unserem Gegenüber gestatten. Dies kann zu einer gänzlich anderen Beziehungsdynamik führen und dadurch vielleicht auch zu einer neuen Form der Verbundenheit.

6. DEIN SELBSTWERTBOOSTER: KENNST DU DEINE STÄRKEN?

In der Trennungsphase stehen wir nicht nur vor der Herausforderung, die Beziehung zu einem anderen Menschen loszulassen, sondern auch vor der Aufgabe, uns selbst neu zu erfinden – oder besser gesagt: uns selbst wiederzufinden. Denn während der Beziehung haben wir uns oft zum Teil eines »Wir« gemacht, haben uns selbst und unsere Neigungen und Eigenarten ein Stück weit zurückgenommen, um Kompromisse zu schließen und den Erwartungen unseres Gegenübers gerecht zu werden. Doch nun, wo wir wieder allein sind, tauchen die Fragen auf: »Wer bin ich eigentlich, wenn der andere nicht mehr da ist?«, »Was will ich, wenn ich allein entscheiden kann?« Und auch: »Was bin ich wert, wenn niemand an meiner Seite ist, von dem ich Bestätigung bekomme?«

Wir sind auf uns selbst zurückgeworfen. Was jetzt beginnt, ist ein oft schmerzhafter, aber auch tief transformativer Prozess, an dessen Ende im besten Fall ein ausgeprägteres Selbstwertgefühl, Autonomie und größere Selbstliebe stehen.

In erster Linie geht es in diesem Prozess darum, zu verinnerlichen, dass wir weder emotional noch gesellschaftlich vom Partner abhängig sind. Dass wir selbst genug wert sind. Vom Kopf her weißt du sicher, dass du den anderen nicht brauchst, um dich »genug« zu fühlen, doch die Frage ist: Wie bekommst du dieses Wissen auch in dein Herz?

> Du bist nicht weniger wert,
> wenn du ohne Partner bist.

Denn all die gut gemeinten Worte von Freundinnen und Freunden nützen nichts, wenn wir das Wissen, dass wir niemand brauchen, um »etwas wert« zu sein, nicht tief in uns spüren.

Was hier helfen kann, ist, den Blick auf das zu richten, worin du gut bist, was dir liegt, was dich auszeichnet. Deine Stärken eben.
Diese setzen sich zusammen aus deinen *Eigenschaften,* also dem, was du mitbringst auf die Welt (Genauigkeit, Durchsetzungskraft, Einfühlungsvermögen, Kreativität, Sprachbegabung, Organisationstalent), deinen *Fähigkeiten,* also dem, was du im Laufe deines Lebens entwickelst, und deinen *Kenntnissen,* also dem, was du weißt.
Vielleicht kennst du deine Stärken sehr genau, vielleicht bist du dir ihrer aber auch gar nicht so bewusst. Deshalb lass uns einmal gemeinsam darauf schauen, wo deine individuellen Stärken liegen. Wir können sie durch eine einfache Stärkenanalyse ans Licht holen.

Stärkenanalyse

Such dir einen ruhigen Ort, nimm dir etwas Zeit und streun gedanklich durch dein Leben. Was kommt dir in den Sinn, wenn du an Situationen denkst, wo du etwas besonders gut gemacht hast? Es können ganz kleine Momente sein.
Was ist dir aus deiner Kindheit in Erinnerung geblieben, wo du dich gefeiert hast?

- Hast du die Versetzung in die nächste Klassenstufe geschafft, obwohl es fast unmöglich erschien?
- Hast du besondere sportliche Ergebnisse erzielt und hierfür Preise erhalten?
- Warst du immer Vermittler in Streitereien?
- Welche Aufgaben machten dir so viel Spaß, dass du sie mit Leichtigkeit und Begeisterung erledigen konntest?

Und wie ist es heute?

- Bei welchen Themen wirst du oft um Rat gefragt, weil dich dein Umfeld als kompetent wahrnimmt?
- Was machst du besser als andere, ohne dich dafür besonders anzustrengen?

- Wie reagierst du in stressigen oder herausfordernden Situationen? Welche Stärken zeigen sich dabei?
- Wann hast du in einer schwierigen Situation besonders schnell und effizient eine Lösung gefunden?

Lass dir Zeit bei der Reise durch deine Vergangenheit und Gegenwart und mach dir Notizen.

Ordne den jeweiligen Ereignissen zu, was deine besonderen Eigenschaften, Fähigkeiten und Kenntnisse waren, die es dir ermöglicht haben, diese besonderen Momente zu erleben.

Lag der Erfolg an deinem Ehrgeiz, deinem besonderen Durchhaltevermögen, an deiner Spritzigkeit, deiner Offenheit, deiner Empathie, der Fähigkeit, andere Menschen zu begeistern?

Wenn du einige Ereignisse aufgeschrieben und ihnen Eigenschaften, Kenntnisse oder Fähigkeiten zugeordnet hast, dann schau mal, welche Gemeinsamkeiten sich aus den einzelnen Begebenheiten ergeben. Fasse die Aspekte, die sich in den Ereignissen deines Lebens wiederholen, dann zusammen

STÄRKEN	KENNTNISSE	• großes Netzwerk • gute Menschenkenntnis • Berufs- und Lebenserfahrung • Allgemeinwissen/Fachwissen
	EIGENSCHAFTEN	• begeisterungsfähig • zielstrebig • leistungsorientiert • optimistisch/zuversichtlich • mutig • fleißig • ehrgeizig • wissbegierig • intelligent • kreativ • selbstsicher
	FÄHIGKEITEN	• gute Kommunikations- und Argumentationsfähigkeit • gute Vorstellungskraft • hohe Flexibilität • andere begeistern und überzeugen • Einfühlungsvermögen

und füg sie in deine persönliche Stärkenanalyse ein, die so aussehen könnte wie die Grafik auf der vorherigen Seite.
Ich möchte dich ermuntern, sie tatsächlich so oder ähnlich aufzuschreiben, gern auch mit bunten Farben. Das wirkt noch stärker auf unser Gehirn.
Wie ist das, deine Stärken mal so vor Augen zu haben? Bist du erstaunt, was du alles gut kannst? Überraschen dich manche Punkte? So häufig richten wir den Blick nur auf das, worin wir (noch) nicht so gut sind, dass wir ganz vergessen, wie viel auf der »Habenseite« vorhanden ist. Dabei macht genau das es uns leichter, unseren eigenen Wert zu sehen und uns zu lieben.

Wenn du magst, kannst du nun noch schauen, ob du das Ergebnis deiner Stärkenanalyse auch ganz praktisch für deinen Alltag und deine Zukunft verwenden kannst. In welchen Bereichen deines täglichen Lebens könntest du deine Stärken vielleicht noch gewinnbringender einsetzen?

Nutze deine Stärken,
um deine Welt zu verändern, statt gegen
deine Schwächen zu kämpfen.

Vielleicht weisen deine Stärken auch in eine Richtung, die du beruflich gern einschlagen würdest. Falls du Unterstützung brauchst, um einen möglichen Wiedereinstieg ins Berufsleben oder eine Neuausrichtung gut begleitet zu wissen, zögere bitte nicht, diese Hilfe durch Wiedereingliederungsmaßnahmen, eine Umschulung oder Ähnliches in Anspruch zu nehmen.
Wenn du deinen Stärken beruflich und privat mehr Beachtung schenkst und dir selbst mehr Raum gibst, um sie zu zeigen, wird dies deinen Blick auf dich liebevoller und wertschätzender werden lassen und dein Selbstwertgefühl steigern. Versprochen.

TEIL 3

DER WEG DURCH DIE SCHEIDUNG

Was du wissen musst und was dir unterwegs hilft

Nehmen wir an, die Trennung liegt hinter dir und auch das Trennungsjahr ist gemeistert. Du hast die Zeit genutzt, um an dir zu arbeiten, hast alte Muster über Bord geworfen, dich selbst besser kennengelernt, dich innerlich weiterentwickelt und ausgelotet, ob ihr wieder zueinanderfindet. Du hast dieses Jahr also definitiv so genutzt, wie es sich der Gesetzgeber vorstellt – sogar noch besser. Doch die Beziehung, die funktioniert trotz aller Selbstreflexion nicht wieder. Im Gegenteil. Das weißt du jetzt ganz sicher. Ihr habt euch endgültig auseinandergelebt. Vielleicht seid ihr auch schon neu liiert, du oder dein Ex-Partner oder sogar ihr beide? So oder so ist der Schritt, der jetzt ansteht, klar: Scheidung einreichen.

Schon im Trennungsjahr bei der Klärung von Unterhaltsansprüchen, der Frage, wer denn in der Ehewohnung bleiben darf oder wann und wie die Umgangskontakte mit den Kindern stattfinden, hat sich wahrscheinlich herauskristallisiert, ob ihr einen Rosenkrieg anzetteln werdet oder euch in Frieden trennen könnt und wollt.

Nun, wo sich die Wogen der ersten Entrüstung, Enttäuschung und Angst allein durch die verstrichene Zeit ein wenig geglättet haben, kannst du dir die Frage noch einmal neu stellen: Welche Art von Scheidung willst du? Krieg oder Konsens?

Nach meiner Erfahrung hat von einer streitigen Scheidung nur einer etwas – der Anwalt. Okay, vielleicht auch noch der Gutachter, der den Wert eurer Immobilie ermittelt, und andere Sachverständige, die mit

eurer Scheidung potenziell Geld verdienen. Alle anderen, vor allem ihr selbst und die Kinder, verlieren. Sich im Streit scheiden zu lassen, kostet viel Zeit, Geld und nicht zuletzt Nerven. Die Kinder leiden. Das Umfeld wird mit reingezogen. Und Einigungen, die bei einer Scheidung nach jahrelangem Streit dann, weil man mürbe gekocht ist, gefunden werden, lassen oft zu wünschen übrig. Außerdem läuft man danach häufig noch viele Jahre (oder Jahrzehnte) mit Groll auf den anderen herum, statt unbeschwert sein neues Leben zu leben.
Deshalb kann ich es gar nicht deutlich und oft genug sagen: Wenn irgend möglich, entscheide dich für eine Scheidung ohne Scherben, also eine auf Einigung und Frieden ausgerichtete Scheidung, und leiste deinen Beitrag dazu, dass auch dein Partner die Vorteile davon sieht. Wenn so eine Scheidung dein Ziel ist, dann richte dich bewusst darauf aus. Damit meine ich: Nimm es dir nicht nur vor, wie man sich gemütlich auf dem Sofa vornimmt, nächste Woche weniger Süßes zu essen oder mehr Sport zu treiben, sondern mach dir auch bewusst, wie herausfordernd es sein kann, dich ohne Machtspielchen und Missgunst zu trennen, und was es dir abverlangen wird. Aber eben auch – und das immer wieder –, was es dir und deiner Familie an Gutem bringt.

Ohne konkreten Plan ist dein Ziel
nur eine Wunschvorstellung.

Es gibt so einiges, was dir dabei helfen kann, dich ohne bösen Zank und ohne Schlammschlacht scheiden zu lassen. Darum geht es in diesem Kapitel. Außerdem erfährst du hier, wie genau so eine Scheidung eigentlich Schritt für Schritt abläuft, welche Kosten dabei auf dich zukommen und, ganz wichtig, welche juristischen Märchen und Missverständnisse in Bezug auf eine Scheidung durch die Welt geistern.
Übrigens brauchst du, falls du dich für eine konsensuale Scheidung entscheiden willst, keine Sorge zu haben: Wenn du nicht schon vorher

ein Engel warst, wirst du es jetzt sicher auch nicht werden. Und das musst du auch nicht. Natürlich ist eine Scheidung mit vielen unguten Gefühlen verbunden und natürlich wirst du dich zwischenzeitlich (oder immer wieder neu) über deinen Ex-Partner ärgern, wütend auf ihn sein oder ihm sogar die Pest an den Hals wünschen. Das darfst du. Und trotzdem kannst du dich innerlich dazu entschließen, deine Rachegefühle und deinen Hass im Interesse deiner Kinder und auch in deinem eigenen Interesse nicht auszuleben. Du ersparst dir damit langfristig viel Leid und Stress und kannst, wenn ihr geschieden seid, schneller wieder unbeschwert durchstarten.
Glaub mir, das geht. Ich habe schon viele zutiefst gekränkte und verletzte oder empörte Ehepartner begleitet, denen das gelungen ist.
Jede Scheidung kann ein Neubeginn und eine Chance sein. Und zwar unabhängig davon, ob man verlassen wurde oder selbst verlassen hat. Man muss nur bereit sein, alte Denk- und Verhaltensmuster zu durchbrechen, loszulassen und sich neu aufzustellen. Dann ist die Bahn frei für ein glückliches Leben.

Es zeugt von Reife und Respekt, eine Ehe,
die für immer gedacht war, gemeinsam abzuschließen.
Um wirklich loszulassen, ist es nicht hilfreich,
gegeneinander zu kämpfen, im Gegenteil.

Fünf Argumente für eine einvernehmliche Scheidung

1. **Kinder**: Habt ihr Kinder? Eine konsensuale Scheidung ist der Grundstein für ihr Wohlergehen. Man weiß heute, dass sie eine Trennung der Eltern gut bewältigen können, wenn diese ohne Streit und Gebrüll abläuft und ohne dass man sich gegenseitig vor ihnen schlechtmacht oder sie instrumentalisiert – sei es auch noch so subtil.
2. **Tragfähige Einigungen**: Lösungen, die ihr selbst erarbeitet, sind individueller auf euch zugeschnitten, als wenn sie ein anderer vorgibt. Ihr trefft euch nicht einfach »in der Mitte«, sondern geht auf die speziellen Bedürfnisse des Einzelnen ein. Dadurch sind solche Einigungen tragfähiger und wanken nicht so leicht.
3. **Geld, Nerven, Zeit**: Die Dinge einvernehmlich zu regeln, spart nicht nur Geld (oft viel!) und Nerven, sondern auch Zeit. Verfahren vor den Familiengerichten dauern lang – die Gerichte kämpfen noch immer mit der Digitalisierung und viele Stellen sind nicht besetzt. Wenn du eine schnelle Lösung willst, solltest du also selbst aktiv werden. So kannst du fixer mit deinem alten Leben abschließen und unbeschwerter in dein neues starten.
4. **Eigenverantwortung**: Ihr wollt die Verantwortung für eure wertvollsten Güter doch nicht an Dritte abgeben, oder? Das Gericht kennt weder euer Haus noch andere Vermögenswerte oder gar die Kinder, um die gestritten wird. Wie genau soll es also im Sinne aller entscheiden?
5. **Gute Anwälte:** Es ist Quatsch, dass Anwälte, die bellen, die besten Ergebnisse »erbeißen«. Oft steckt hinter den härtesten Schriftsätzen nur heiße Luft, und die bringt gar nichts, außer vielleicht etwas Nebel, der sich aber schnell wieder verzieht. Ein konsensualer Weg setzt zwei zurückgenommene, erfahrene Anwälte voraus, die euch zu einem guten, wohldurchdachten Ergebnis begleiten.

1. (FACH-)ANWALT, MEDIATION, CLP & CO.: WER KANN DICH BEI DER SCHEIDUNG WIE BEGLEITEN?

Wer sich scheiden lassen will, geht zum Scheidungsanwalt. Klar, oder? oder? Nun ja. Einen »Scheidungsanwalt« in diesem Sinne gibt es nicht, der Anwalt, der in der Regel der beste Ansprechpartner für eine Scheidung ist, ist der »Fachanwalt für Familienrecht«. Er hat durch eine Zusatzausbildung besondere theoretische Kenntnisse sowie praktische Erfahrungen auf diesem Gebiet und muss sich fortlaufend qualifizieren.
Noch besser als ein bestimmter Titel sind aber Empfehlungen. Sie überwiegen für mich persönlich wahrscheinlich sogar den Fachanwaltstitel. Denn auch Anwälte, die keinen entsprechenden Titel tragen, sind teilweise hoch qualifiziert im Bereich des Familienrechts. Ich kenne selbst einige.

Nicht der Titel entscheidet,
sondern die Kompetenz.

Was auch immer für einen Anwalt du dir gesucht hast, bei allen gleich ist Folgendes: Der Anwalt ist Rechtsexperte und berät einen der Ehegatten parteilich. Er darf nie beide Eheleute vertreten oder beraten. Es ist ein Irrglaube, dass ein Anwalt im Scheidungsverfahren für beide Eheleute tätig sein könnte. Dies würde ihn nämlich, wo er bei Erhalt seiner Zulassung doch geschworen hat, seinen Mandanten bestmöglich zu beraten und zu vertreten, in einen unauflöslichen Interessenkonflikt bringen.
Eine Scheidung mit einem Anwalt ist trotzdem möglich. In diesem Fall vertritt der Anwalt aber nur den antragstellenden Ehepartner. Der Partner, der keinen eigenen Anwalt hat, kann nach Zustimmung des auftraggebenden Ehepartners jedoch an den Gesprächen teilnehmen.

WER DICH NOCH BEGLEITEN KANN ...

Je länger ich Scheidungen begleite, desto wichtiger ist für mich zunächst die Auftragsklärung. Was sucht der trennungswillige oder verlassene Ehepartner, der Kontakt zu mir aufnimmt, wirklich? Wie soll mein Auftrag lauten? Und was davon kann ich als seine Anwältin erfüllen?

Klarheit ist der Schlüssel, um Missverständnisse zu vermeiden.

Wenn der Wunsch meines Mandanten lautet, dass ich bei der Scheidung seine gesetzlichen Ansprüche bestmöglich durchsetze, und ich diesen Auftrag annehme, kann ich mich mit Entschlossenheit und all meiner Expertise als Anwältin durch zwei Instanzen kämpfen.
Lautet mein Auftrag in Wirklichkeit aber, den Mandanten aus Mustern, die in der Ehe viele Jahre gelebt wurden, zu befreien oder ihm das Gefühl eines Ausgleichs für die menschlichen Defizite seines Partners zu verschaffen, so werden wir mit hoher Wahrscheinlichkeit sowohl im Anwaltsmandat als auch vor Gericht an unsere Grenzen stoßen.
Subjektive Gerechtigkeit liegt nicht (immer) in der Hand des Scheidungsanwaltes, weil es für sie oft keine Rechtsgrundlage gibt. Sie kann aber alternativ oder zusätzlich erzielt werden, beispielsweise durch ein Coaching, eine Mediation oder ein CLP-Verfahren, wo beide Partner abseits des Gerichtssaals über die Dinge verhandeln können, die ihnen wichtig sind. Einigungen, die auf diesem Weg erzielt werden, sind wie gesagt häufig sehr viel tragfähiger und zufriedenstellender als das, was die Anwälte untereinander aushandeln.
Schauen wir uns mal an, welche Verfahren alternativ zu einem streitigen Verfahren, in dem dein Anwalt für dich auftritt, auf deinen Fall passen könnten.

Der Mediator

Als ich im Jahr 2006 meine Mediationsausbildung abschloss, wurde *Mediation* noch gern mit *Meditation* verwechselt. Heute ist Mediation eine gängige Praxis, um streitige Scheidungsfolgen gütlich beizulegen. Ein Mediator tritt als Vermittler auf. Er ist allparteilich und berät in der Regel nicht rechtlich. Er muss auch nicht zwingend Rechtsanwalt sein (aber sinnvoll ist das schon).

Durch passende Gesprächstechniken versucht der Mediator den Kern des Problems herauszufiltern. Die Verantwortung für den Konflikt bleibt dabei aber bei den Ehepartnern, die eingeladen sind, selbst eine Lösung zu erarbeiten. Das heißt, der Mediator bietet den Eheleuten keine konkreten Lösungsansätze an, sondern seine Aufgabe besteht darin, ein Verständnis für die Position des jeweils anderen zu ermöglichen, um so die beidseitige Verhandlungsbereitschaft zu erhöhen.

Schwierig ist eine Mediation dann, wenn es ein Gefälle in der Ehe gibt. Wenn etwa der eine Ehepartner viel besser über die familiären Finanzen Bescheid weiß oder besonders willensstark ist und der andere Partner es gewohnt ist, alles nur abzunicken. Eine Gleichberechtigung in der Verhandlung ist unter diesen Umständen schwer möglich und die Rolle des Mediators als allparteilicher Begleiter sehr anspruchsvoll. Besteht solch ein Ungleichgewicht zwischen den Verhandlungsparteien, kann es womöglich sinnvoll sein, neben dem Mediator noch zwei beratende Rechtsanwälte zusätzlich hinzuzuziehen. Meist wird der Mediator dann eine diesbezügliche Empfehlung aussprechen.

Der CLP-Anwalt

So wie das Thema Mediation einst unbekannt war, heißt das neue Ufo in der Anwaltswelt *Collaborative Law & Practice*, kurz CLP. CLP ist ein auf Konsens ausgerichtetes Verfahren, um Streitigkeiten zu lösen. Im Unterschied zur Mediation, wo es einen allparteilichen Mediator gibt, der in der Regel nicht rechtlich berät, hat beim CLP-Verfahren jede Partei einen eigenen CLP-Anwalt, der zwar Vertreter seines Mandanten ist, aber immer auch die andere Seite wertungsfrei mit in den Blick nimmt.

Für Scheidungsmandate bietet sich das CLP-Verfahren sehr gut an. Es werden dabei keine Schriftstücke zwischen den Anwälten ausgetauscht und kein Anwalt verkünstelt sich im Vierergespräch in hochkarätiger Rhetorik oder versucht, durch sein Auftreten zu brillieren. Der CLP-Anwalt nimmt – untypisch für einen Anwalt – eine sehr zurückgenommene Rolle ein.

Das Verfahren lebt von der Überzeugung, dass beide Eheleute in der Lage sind, ihre Streitigkeiten in eigener Verantwortung, aber mit rechtlicher Begleitung zu lösen. Eine Vereinbarung, wonach die CLP-Anwälte im Falle eines gerichtlichen Verfahrens von einer Vertretung ausgeschlossen sind, hilft dabei, diese Einstellung in schwierigen Verhandlungsmomenten beizubehalten. Bevor man damit droht, vor Gericht zu ziehen, wenn der andere in den Verhandlungen nicht »spurt«, muss man sich die Frage stellen, ob man wirklich einen neuen Anwalt beauftragen will, der dann den Gerichtsweg mit einem beschreitet. Denn das wäre ja dann erforderlich.

Richtungsklarheit erlangt man,
wenn man alle Möglichkeiten prüft.

Nach meiner Erfahrung sind die über ein CLP-Verfahren erarbeiteten Lösungen deutlich sinnvoller und bestandsfähiger als solche, die einem vom Familiengericht vorgegeben werden. Allerdings braucht es zwei Ehepartner, die an einer Einigung wirklich interessiert sind, um dieses Verfahren erfolgreich zu beenden. Für einen Mandanten, der im Bestfall die Gegenseite »vernichten« möchte, eignet sich das CLP-Verfahren mit Sicherheit nicht. Für diejenigen, denen daran gelegen ist, Lösungen zu erarbeiten, die über den juristischen Tellerrand hinausgehen, dürfte es hingegen genau der richtige Weg sein.

Der Coach

Im Coaching ist man überzeugt, dass die Lösung eines Problems bereits im Coachee selbst liegt und es nur darum geht, sie ans Licht zu bringen. Ein Coach gibt, anders als der Anwalt, keine Ratschläge, sondern er unterstützt seinen Coachee lediglich darin, Lösungen zu finden. Durch gezielte Fragetechniken und Tools führt er ihn dorthin. Dass Coaches gleichzeitig Anwälte sind, ist eher die Ausnahme.

Die Antwort liegt bereits in dir.

Coaching ist nicht dazu da, um mit deinem Ex-Partner in Kontakt zu kommen, im Coaching geht es um den Kontakt zu dir selbst, der dir die Türen öffnen soll, um die Probleme im Scheidungsprozess und auch deinen Anteil daran besser zu verstehen und auf diese Weise einer für dich stimmigen Lösung näher zu kommen.

Ein Coaching kann während eines laufenden Scheidungsverfahrens helfen, bestehende Denk- und Verhaltensmuster zu durchbrechen und hinderliche Glaubenssätze zu hinterfragen. Das weitet den Blick und eröffnet neue Möglichkeiten.

Coach darf sich (aktuell) jeder nennen. Das ist bei der Mediation übrigens ähnlich. Coaching ist aber nicht gleich Coaching. Wenn du einen Coach suchst, wäre mein Tipp, darauf zu achten, dass er beispielsweise vom ICF (International Coaching Federation), DBVC (Deutscher Bundesverband Coaching e. V.) oder anderweitig zertifiziert ist. Das stellt sicher, dass der Coach entsprechend bestimmter Qualitätsstandards ausgebildet wurde und bereits über eine gewisse Coachingpraxis verfügt. Eine seriöse Coachingausbildung dauert mindestens ein Jahr. Allerdings will ich nicht sagen, dass ein zertifizierter Coach definitiv »besser« ist als ein selbsternannter, der vielleicht seit Jahrzehnten gute Ergebnisse erzielt. Eine Zertifizierung ist nur ein Anhaltspunkt, wenn du noch keine Idee hast, nach welchen Kriterien du einen auswählen sollst.

Zwischen gütlich und dämlich besteht ein himmelweiter Unterschied!

»Deine Anwältin promotet doch konsensuale Scheidungen, aber ihr einigt euch gar nicht mit uns.«
»Ich habe dir doch ein Angebot gemacht, aber du nimmst es ja nicht an.«
»Mit dir kann man offenbar keine Lösung finden.«
»Ich will mich ja einigen, aber ...«
Solche und ähnliche Sätze kenne ich gut. Meist haben sie im Kern die gleiche Botschaft:
»Einigung ja, aber nur zu meinen Bedingungen.«
Sich zu einigen heißt aber nicht, dass einer nachgibt und der andere gewinnt. Erfolgreiche Einigungsverhandlungen finden auch nicht auf Grundlage von Fantasiezahlen statt. Sich fair und tragfähig zu einigen bedeutet ebenfalls nicht, dass man streitet wie die Kinder und sich am Ende der Nerven und des Geldes notgedrungen in der Mitte trifft.
Sich gut zu einigen bedeutet:

- Beide Seiten hören sich zu.
- Beide Seiten ertragen das, was die andere Partei zu sagen hat.
- Beide Seiten lassen das zu, was es mit ihnen macht.
- Alle Argumente werden ausgetauscht.
- Beide Seiten werden realistisch beraten.
- Beide Seiten versuchen das Bedürfnis des anderen zu verstehen.
- Beide Seiten bewegen sich aufeinander zu und finden einen Kompromiss.

All das schafft Optionen für kreative Lösungswege.

Eine Einigung ist dann gut, wenn sie beiden Seiten wehtut und trotzdem beide den Raum mit einem Lächeln verlassen.

Exkurs: Von Beratern, Papageien, Mietmäulern und Duzern

Wenn man sich scheiden lässt, bleibt es nicht aus, dass man Freunde und Experten um Rat fragt. Diese können sich entweder als Papageien oder als echte Ratgeber entpuppen. Auf wen du setzt, entscheidest du allein.

Wer auf der Suche nach einer Lobby für seine Wahrheit ist, wird sich wohl mit Papageien umgeben und deren Zuspruch als Empathie loben. Papageien werden dich in all deinen Annahmen bestätigen und dir dabei mit dem Flügel über den Kopf streicheln. Sie tun dies, weil sie dir wohlgesonnen sind, weil sie dir gefallen wollen oder weil sie von dir bezahlt werden. Vielleicht tun sie es auch, weil sie sich einen Vorteil davon versprechen, in Wirklichkeit aber gar kein Interesse an dir und deinem Problem haben, oder weil es einfacher ist, deinen Standpunkt wiederzukäuen, als sich inhaltlich mit dir auseinanderzusetzen. Und manchmal tun sie es auch einfach, weil es zu mehr nicht reicht.

Egal, aus welchem Grund dir Menschen nach dem Mund reden, das Ergebnis ist immer dasselbe: Dein Entwicklungspotenzial geht gegen null. Und wenn es ganz blöd läuft, nimmst du durch das ungefilterte Echo noch Wind auf für deine Fahrt in die komplett falsche Richtung.

Es gibt auch Rechtsanwälte, die so ticken. Sie übernehmen die Parolen des Mandanten ohne kritische Auseinandersetzung. Solche Anwälte werden »Mietmäuler« genannt. Ein schönes Wort, nicht wahr?

Im Gegensatz zu Mietmäulern und Papageien besitzen echte Berater neben Expertise auch die Fähigkeit, dich zu verstehen. Anders als die Schmeichler und Nachplapperer werden sie aber auch Sachen sagen, die du unter Umständen gar nicht hören willst. Sie entwickeln eine eigene Sichtweise und interessieren sich deshalb auch für die Haltung der anderen Seite, denn sie wollen:

- ein Gesamtbild erlangen und dir darauf gestützt einen möglichst objektiven Rat geben,
- durch Kenntnis der anderen Wahrheit deine Risiken abwägen,
- dir Handlungsoptionen aufzeigen, um letztlich deine Themen in deinem Sinn zu lösen.

Sie machen sich die Freundschaft oder Arbeit mit dir nicht einfach, setzen sich dafür aber inhaltlich wirklich mit dir und deinen Problemen auseinander.
Ratschläge von Beratern fühlen sich im ersten Moment vielleicht manchmal eher wie Schläge an. Sie werden dir emotional und inhaltlich aber helfen, im Leben voranzukommen.
Ich selbst spiele sowohl privat als auch in meiner Tätigkeit als Rechtsanwältin gern im Team Berater, auch wenn das bisweilen anstrengend ist.

> Blinde Zustimmung ist nie mehr wert als kritische Würdigung, egal, wie eifrig sie ist.

Dazu gehört auch, dass ich, wie eingangs schon erwähnt, Mandanten nicht duze. Das hat seinen Grund. Ist man im Mandatsverhältnis per Du, wird's leicht übergriffig, und das ist etwas, was ich vermeiden will. Ich möchte nicht mit den Mandanten in einem Boot sitzen, denn wenn der Anwalt mit seinem Mandanten im gleichen Boot sitzt, dann ist ja keiner mehr da, der den Mandanten retten kann, wenn das Schiff kentert.
Deshalb gibt's bei mir das Du allenfalls am Ende des Mandates, wenn es sich ergibt und wenn die Sympathie da ist.

2. DIE DOS AND DON'TS DER SCHEIDUNGSKOMMUNIKATION

Egal, welcher Experten du dich bedienst, um eine friedliche Trennung hinzubekommen – leben oder sterben wird deine Scheidung ohne Scherben durch die Art der Kommunikation, die du im Umgang mit deinem Ex-Partner wählst. Wenn du ihn provozierst, ihm Vorwürfe machst, ihm passiv-aggressiv begegnest, ihm drohst oder nur ironisch oder sarkastisch mit ihm sprichst, kurz, wenn du all die schwierigen Kommunikationsmuster fortsetzt, die euch unter anderem in diese Situation gebracht haben, wird es aller Wahrscheinlichkeit nach schwierig werden mit einer gütlichen Trennung.

Insbesondere wenn es um heikle Themen geht, die einen von euch oder euch beide besonders triggern, solltest du dir etwas klarmachen, wenn du mit deiner gütlichen Trennung erfolgreich sein willst: So wie Menschen eine unterschiedliche Sprache in der Liebe haben, haben sie die auch beim Streiten.

Während einer seine Zuneigung überschwänglich mit Worten ausdrückt, haspelt der andere nur herum und kauft stattdessen lieber Geschenke. Der Dritte kümmert sich rührend um die Belange des Partners, der Vierte ist einfach interessiert und präsent an seiner Seite.

Und genauso ist es auch im Streit. Auch da spricht man oft nicht die gleiche Sprache – was das Unverständnis für den anderen umso größer macht. Streitkultur ist wie Love Language, nur schlimmer.

> Die Art und Weise, wie wir lieben,
> ist oft ein Indikator für die Frage,
> wie wir streiten.

Derjenige, der zu rosa Zeiten die schönsten Worte gewählt hat, führt nun die schlimmsten verbalen Angriffe aus. Der, der früher

seine Liebe über Präsente und Großzügigkeit ausdrückte, dreht im Streit den Geldhahn zu, weil er meint, das tue am meisten weh. Wer »immer da« war, entzieht sich nun und ist ignorant, weil er glaubt, den Partner auf diese Art und Weise am wirkungsvollsten zu strafen
All diese Impulse verschwinden natürlich nicht, nur weil du dir vorgenommen hast, dich in deiner Scheidung konstruktiv und rational zu verhalten. Meistens hast du dir ja auch unbewusst einen Partner ausgesucht, dessen Muster besonders knallen, wenn sie auf deine treffen, und andersherum (und zwar sowohl in guten wie in schlechten Zeiten). Es ist also ganz normal, wenn du reflexhaft an die Decke gehen willst, wenn dein Partner dies sagt oder jenes tut. Gerade zu Beginn der Trennung kostet es viel Kraft, gegen das anzukommen, was dein Inneres gern nach außen kehren würde. Und seien wir mal ehrlich: Anfangs wird das auch nur selten gelingen. Aber irgendwann sollte der Punkt kommen, wo du dich auf das, was du ja eigentlich weißt, wieder besinnst.

Deine wahre Stärke liegt im Frieden mit dir selbst.

Die Frage ist dann: Wie gehst du mit den Triggern um? Gibst du weiter dem Drang nach, wie gewohnt zu reagieren, bittest du womöglich noch deinen Anwalt, in diese Spirale einzusteigen und deine Muster in seinem Schriftverkehr fortzuschreiben? Oder steigst du aus deinen gewohnten Verhaltensweisen aus?
Wenn du deine Muster und die deines Gegenübers erkennst und verstehst, was da bei euch abläuft und was dich so triggert, kannst du lernen, es anders zu machen. Erst einmal durchzuatmen, wenn es wieder so weit ist. Und dann, wenn dein Puls nicht mehr auf 180 ist, kannst du dich fragen, was jetzt eine besonnene, konstruktive Antwort wäre. So steigst du aus der Eskalationsspirale aus und stellst eure Kommunikation auf andere Füße.

WIE DU DEIN GEWOHNTES STREITMUSTER HINTER DIR LÄSST

Überleg mal, wie sieht dein persönliches Streitmuster in Beziehungen aus? Was tust du, damit dein Gegenüber an die Decke geht, und wo ist bei dir der Knopf, mit dem der andere dich von null auf hundert bringt?

In Teil zwei bin ich schon mal auf das Bild des Tetris-Puzzleteils eingegangen. Wenn du lernst, dich wie beim Tetris klug zu drehen, sprich, dich von Triggern nicht provozieren zu lassen und auch deinerseits auf Provokationen zu verzichten, kann dein Streitpartner nicht mehr in den gewohnten Verhaltensformen einrasten. Versuch, den ersten Schritt zu machen und dein persönliches Muster zu durchbrechen. Dein Verhalten wirkt auf deinen Partner dann weniger aggressiv und auch er wird nicht zu seiner schärfsten Waffe greifen.

Denn so gut es im ersten Moment tun mag, zurückzuschlagen oder Rache zu üben – dieses Verhalten hält dich gefangen, bindet dich an den anderen und schadet dir am Ende nur selbst. Und das ist doch eigentlich das, was du am allerwenigsten willst, oder?

Zum Abschluss hier noch fünf Tipps, die nach meiner Erfahrung den entscheidenden Unterschied in einer Streitsituation machen. Wenn du sie beherzigst, wird dein Weg zu einer Scheidung ohne Scherben sehr viel realistischer sein. Das sage ich dir als Scheidungsanwältin und als selbst geschiedene Frau. Und glaub mir, ich weiß, wie schwer es manchmal ist, sich am Riemen zu reißen, wenn das vertraute Streitmuster so sehr lockt und man seinem Gegenüber so gern einen reinwürgen will. Lass es! Steh drüber! Und denk an die weisen Worte des Buddha:

> An Wut festzuhalten ist wie Gift zu trinken und darauf zu warten, dass der andere stirbt.

Fünf Tipps einer Scheidungsanwältin, um im Streit konstruktiv und besonnen zu bleiben

1. Bleib in der Kommunikation klar und werde nicht ausfallend
Das gilt auch, wenn die Gegenseite übers Ziel hinausschießt. Mach den ersten Schritt und bleib auf der Sachebene, damit die Kommunikation nicht zur Zündschnur wird.

2. Vertritt keine Maximalpositionen
Nimm mal eine andere Perspektive ein. Was würde eine neutrale dritte Person über deine Forderungs- oder Verweigerungshaltung denken? Ist das, was du erwartest, im Gesamtbild fair und angemessen?

3. Vermeide Nebenkriegsschauplätze
Überlege, was von Bedeutung ist und was nicht. Das, was inhaltlich nicht nützt und im Zweifel eine Einigung verhindert, solltest du besser weglassen.
Bleib ganz bei den Themen, die zu klären sind, auch wenn die eine oder andere Spitze im ersten Moment guttun würde.

4. Übernimm Verantwortung
Sei der Herr oder die Frau im Ring deines Streits. Regelungen, die gemeinsam erarbeitet werden, sind tragfähiger und sinnvoller als ein vorgegebenes Treffen »in der Mitte« oder die Entscheidung eines Dritten (beispielsweise des Gerichts). Am Ende bist du derjenige, der damit leben muss, wie die Streitfolgen geregelt sind. Da willst du keine möglichen Einigungsoptionen durch Drama torpediert haben. Wenn du dir das bewusst machst, fällt es dir vielleicht leichter, schwierige Verhandlungssituationen durchzustehen.

5. Nimm eine Wirtschaftlichkeitsbetrachtung vor
Lohnt es sich rein wirtschaftlich betrachtet zu kämpfen oder übersteigen die Streitkosten, seien sie monetär, nervlich oder zeitlich gemessen, womöglich das, um was du streitest? Auch diese Frage solltest du dir stellen, um besonnene Ergebnisse zu erzielen.

3. DER SCHEIDUNGSPROZESS KONKRET: WORAUF DU DICH EINSTELLEN KANNST

Vielleicht fragst du dich an diesem Punkt des Buches, wie so ein Scheidungsprozess eigentlich konkret abläuft, was dich erwartet und welche Schritte du (mit deinem Anwalt) zu gehen hast.
Wie du dir denken kannst, lässt sich ein solches Verfahren nur begrenzt verallgemeinern, weil es sehr davon abhängt, welche Themen bei dir und deinem Partner zu klären sind. Aber so ganz grob ist der Ablauf folgendermaßen (ich skizziere dir hier mein Vorgehen, bin aber recht sicher, dass andere Anwälte es sehr ähnlich handhaben):

DER ABLAUF EINER SCHEIDUNG

In der Erstberatung lernen wir uns kennen und stimmen ab, ob ich direkt tätig werden soll oder erst einmal im Hintergrund bleibe. Neben der Frage, wer in der Ehewohnung bleiben darf, ist Unterhalt fast immer das erste Thema, vor allem wenn ich den weniger verdienenden und/oder die Kinder betreuenden Ehepartner vor mir habe. Wenn ich direkt nach außen tätig werde, fordere ich daher in der Regel als Erstes Auskünfte von der Gegenseite, um den Unterhalt zu berechnen, und (ganz wichtig!) bewirke damit eine Inverzugsetzung, damit wir ab dem Monat der Aufforderung auch Unterhalt beanspruchen können (Trennungsunterhalt und Kindesunterhalt). Wenn ich im Hintergrund bleibe und Unterlagen vorliegen (vielleicht heimlich kopierte), berechnen wir das Ganze intern, um zu wissen, was du erwarten kannst. Gegebenenfalls setze ich einen laienhaften Entwurf zur Inverzugsetzung für dich auf, den du verwenden kannst, damit dennoch deine Ansprüche gesichert werden.
Auch wenn du der Mehrverdiener in der Ehe und/oder der nicht überwiegend die Kinder betreuende Ehepartner bist, hast du natürlich ein

Interesse daran, zu erfahren, welche Unterhaltszahlungen auf dich zukommen. Aber dann rechnen wir definitiv intern und sensibilisieren die Gegenseite nicht für das Unterhaltsthema.
Wird meine Vertretung transparent gemacht, stimmen wir ab, ob ein einvernehmliches Verfahren gewünscht ist und sinnvoll erscheint. Falls ja, überlegen wir, ob wir die Gegenseite zu uns zum Gespräch einladen (gegebenenfalls auch mit eigenem Anwalt). Und wir schauen, ob ein CLP-Verfahren eine Option ist.
Falls die Gegenseite ohne Anwalt erscheint, weise ich (ganz wichtig!) darauf hin, dass ich nur meinen Auftraggeber vertreten kann (siehe Scheidungsirrtümer).
Erscheint es nicht realistisch, zu einer einvernehmlichen Regelung zu kommen, kommunizieren wir in Schriftform mit der Gegenseite. Meist geht es zuerst um den Unterhalt, den Verbleib in der Ehewohnung und kleinere Themen (das Auto, den Hausrat und persönliche Gegenstände).
Zu Kindschaftsthemen verweise ich im ersten Schritt immer auf das Jugendamt. Dieses bietet eine Vermittlungshilfe an und der Anwalt wird nur tätig, wenn keine Vermittlung stattfinden konnte.

Einigungen sind immer tragfähiger als Entscheidungen.

Wenn ihr eine Einigung anstrebt, kann man auch vor Zustellung des Scheidungsantrages schon den Zugewinnausgleich angehen, indem man ein Berechnungsdatum frei vereinbart. Wenn nicht, braucht man erst einmal den gesetzlichen Berechnungsstichtag zum Endvermögen, der dem Datum der Zustellung des Scheidungsantrages entspricht. Vor Einreichung der Scheidung kann ich zur Vorbereitung der güterrechtlichen Auseinandersetzung aber schon zum Anfangsvermögen und zum Trennungsvermögen Auskunft verlangen.

Der Scheidungsantrag kann dann etwas vor Ablauf des Trennungsjahres gestellt werden, aber nicht weit im Voraus. Bei dem Termin zur Verhandlung muss nämlich das Trennungsjahr abgelaufen sein. Würde man den Antrag zu früh stellen, liefe man Gefahr, dass er abgewiesen wird, weil die Scheidungsvoraussetzungen (noch) nicht vorliegen.
Nach einem Jahr Trennungszeit kann die Ehe geschieden werden, wenn die Gegenseite zustimmt *oder* die antragstellende Seite vorträgt, warum die Ehe gescheitert ist (siehe Scheidungsirrtümer).

Vorzutragen, warum die Ehe zerbrochen ist, ist schmerzhaft und lässt sich oft vermeiden.

Ein Interesse an einer schnellen Scheidung hat in der Regel der wirtschaftlich stärkere Part (beispielsweise wegen der Unterhaltszahlungen). Der andere Part, der längere Trennungsunterhaltszahlungen erzwingen will, kann das durch die Einreichung sogenannter Folgesachenanträge tun. Folgesachen, also die Regelungen für die Zeit nach der Scheidung, können beispielsweise der nacheheliche Unterhalt oder Zugewinn sein. Wenn solch eine Folgesache dann »in den Verbund mit der Ehesache gestellt wird«, wie es so schön heißt, kann die Ehe nicht geschieden werden, solange über die anhängige Folgesache noch keine Regelung vorliegt.
Drei Jahre nach der Trennung kann man mittlerweile unproblematisch eine Abtrennung der Folgesache Zugewinn bewirken. Andere Folgesachen hemmen die Ehescheidung aber womöglich weiterhin.
Neben der Scheidung und den Folgesachen sind natürlich manchmal auch andere Themen bei Gericht anhängig, die die Zeit vor der Scheidung betreffen, etwa Trennungsunterhalt (im Gegensatz zum nachehelichen Unterhalt ist das der Ehegattenunterhalt, der bis zur Scheidung zu zahlen ist) oder Kindesunterhalt oder Wohnungszuweisung (also die richterliche Anordnung, wer in der ehelichen Wohnung bleiben darf).

Du siehst, zu tun gibt es für uns Scheidungsanwälte genug, wenn man sich streitet und streiten will. Und Tricks, den anderen im Streitfall zu ärgern, gibt es auch reichlich.

Doch ich habe es ja schon mehrfach gesagt: Je länger ich Anwältin bin, desto mehr sehe ich, wie viel eine streitige Scheidung meist kostet (Kindeswohl, Zeit, Geld, Lebensfreude), deshalb verfolge ich, wo eben möglich, einen konsensualen Ansatz.

Klar ist aber auch: Eine Einigung funktioniert nur, wenn beide Ehepartner und beide Anwälte daran mitwirken.

Wenn ein streitiges Verfahren notwendig scheint und meinem Mandanten in jeder Hinsicht am meisten nützt, dann streite ich auch gern und gewinne auch gern jeden Fall. Und nein, eine Scheidung ohne Scherben ist nicht immer möglich und ich kann eine solche daher auch nicht versprechen – auch nicht, wenn ihr das Buch bis zum Ende gelesen habt. Wenn eine Seite verbissen ist oder gar psychisch krank und alles tut, um Einigungsoptionen zu torpedieren, dann gibt es keine schnelle Einigung. Aber egal wie: Wichtig ist immer deine innere Haltung und die Erkenntnis, dass du auch dann deinen Beitrag für Kinder und Nerven leisten kannst, wenn die Gegenseite alle Einigungsversuche verhindert. Und auch die innere Haltung deines Anwaltes ist wichtig – dass es nämlich nicht darum geht, dass der Anwalt gewinnt, sondern der Mandant. Und das hängt im Familienrecht eben nicht ausschließlich von einem Gerichtsbeschluss ab.

Recht haben und Recht bekommen ist oft zweierlei. Zwischen objektiver und subjektiver Gerechtigkeit liegt häufig eine Diskrepanz.

Wie sage ich's dem Kind?

Eine Trennung ist für Kinder in der Regel emotional belastend. Umso wichtiger ist es, dass du dich in dieser Situation deinem Kind widmest und dir Zeit für es nimmst. Wenn du deinem Kind die Trennung gut erklären möchtest und willst, dass auch sein Umfeld gut reagiert, beherzige dabei die folgenden sechs Punkte:

1. Transparent, aber kindgerecht

Du kannst dir sicher sein, dass dein Kind die Schwingungen zwischen euch längst mitbekommen hat. Emotional entlastend ist es, die angespannte Situation aufzuklären. Das sollte nach Möglichkeit in einfachen Worten geschehen, die deinem Kind verständlich sind. Und bitte vermeide bei der Erklärung Wertungen in Richtung des anderen Elternteils.

2. Stabilität

Lass dein Kind wissen, dass sich eure Art der Liebe als Paar verändert hat, dass sich aber an der Liebe, die ihr beide dem Kind entgegenbringt, nie etwas ändern wird. Gib ihm praktische Beispiele, wie sein Leben in Zukunft aussehen wird, etwa: »Die Wochenenden wirst du mal beim Papa und mal bei Mama verbringen. Unter der Woche machen wir es so, dass ...« »Beim Papa wirst du ein eigenes Zimmer haben, das du mit einrichten darfst« etc. Schaffe deinem Kind Perspektiven und gib ihm Sicherheit.

3. Schuld nehmen

Es ist nicht selten, dass ein Kind nach der Trennung glaubt, für die Trennung verantwortlich zu sein, weil es nicht lieb genug war, die Eltern im Streit gegeneinander ausgespielt hat oder Ähnliches. Nimm deinem Kind unbedingt diese Art von Sorge und sage (im Zweifel immer wieder), dass es allein eine Entscheidung zwischen euch Erwachsenen war und dass das Kind rein gar nichts falsch gemacht hat.

4. Fragen beantworten

Wiegele die Befürchtungen und Gefühle deines Kindes nicht ab. Nimm seine Fragen ernst und beantworte sie ehrlich. Auch wenn es dir das Herz bricht, lass es zu, wenn dein Kind weint oder traurig ist. Nimm es dann in den Arm und sag ihm, dass diese Gefühle in Ordnung sind.

5. Eltern bleiben

Versuche, gegenüber deinem Kind die Trennung zwischen Elternebene und Paarebene in kindgerechten Worten zu erklären. Zum Beispiel: »Wir bleiben trotz Trennung eine Familie und sind als Elternteam immer für dich da.« Vermeide es unbedingt, abfällig über den anderen Elternteil zu sprechen oder Schuldzuweisungen zu machen. Ein gemeinsames Gespräch mit euch als Familie kann deinem Kind helfen, Ängste abzubauen.

6. Betreuungspersonen einweihen

Ob Kita, Schule, Babysitter oder vielleicht auch die Eltern seiner Freunde – weihe die Menschen, die das Kind außer euch Eltern betreuen, in eure familiäre Situation ein. So können sie sich vorbereiten und empathisch reagieren, wenn das Kind von sich aus von der Trennung erzählt oder wenn es sich anders verhält als sonst.

Du wirst sehen: Mit Geduld, Verständnis und Liebe kannst du deinem Kind helfen, die Trennung besser zu verarbeiten. Und wenn du unsicher bist oder dir Hilfe dabei wünschst: Es gibt nicht nur viele gute Ratgeber speziell zu diesem Thema, sondern das Jugendamt, pro familia und viele andere staatliche und kirchliche Stellen bieten kostenlose Beratungen dazu an.

4. MISSVERSTÄNDNISSE, MYTHEN UND FALLEN – DIE HÄUFIGSTEN SCHEIDUNGSIRRTÜMER

Wem eine Scheidung bevorsteht, dessen Welt gerät erst einmal aus den Fugen. Sehr viel von dem, was Jahre oder Jahrzehnte als sicher und normal galt, wird plötzlich auf den Kopf gestellt oder hat keine Gültigkeit mehr.
Woran kann man sich jetzt halten, worauf sich verlassen, wie geht es weiter mit dem eigenen Leben? Unweigerlich tauchen jede Menge Fragen auf, nicht zuletzt solche, die die Konsequenzen einer Scheidung betreffen. Wer zahlt wie viel, wer ist für was verantwortlich, wer bekommt die Wohnung, die Kinder und so weiter?
Es liegt nah, bei Google und Co. nach Antworten zu suchen. Doch wer versucht, sich auf solchen Wegen juristisches Wissen anzueignen, läuft Gefahr, einem Rechtsirrtum aufzusitzen. Gerade zum Thema Scheidungen geistert so viel Halb- und Falschwissen durch die Welt, dass ich immer wieder verblüfft bin.
Um mit einigen dieser Fehlinformationen aufzuräumen, habe ich hier die gängigsten Scheidungsirrtümer zusammengetragen. Lass uns sie einmal gemeinsam betrachten.

TRENNUNGS- UND VERFAHRENSIRRTÜMER

Irrtum: »Wir nehmen uns zusammen einen Anwalt.«

Viele Mandanten kommen mit der Annahme in die Erstberatung, dass der Scheidungsanwalt sie beide gleichzeitig vertreten kann. Das ist, wie ich weiter oben schon ausgeführt habe, nicht erlaubt. Jeder Scheidungsanwalt hat bei Erhalt seiner Anwaltszulassung einen Eid darauf geschworen, *seinen* Mandanten bestmöglich zu vertreten. Daher ist die Vertretung *beider* Ehegatten rechtlich, genauer gesagt standesrechtlich, nicht möglich.

Dies vorausgeschickt, kann eine Scheidung, ich habe es an anderer Stelle schon gesagt, trotzdem mit nur einem Anwalt vonstattengehen. Dieser Anwalt vertritt dann allerdings nur den antragstellenden Ehepartner, der andere Partner ist offiziell ohne rechtliche Beratung.

Es gehört zwar ein gewisses Vertrauen dazu, auf diese Art und Weise seine Scheidung anzugehen, doch ich kann berichten, dass ich in der Praxis durchaus häufiger solche Scheidungsmandate führe. In der Beratung mache ich den anwaltlich nicht vertretenen Ehepartner aber ausdrücklich darauf aufmerksam, dass ich ihn nicht vertrete. Ich weise allerdings ebenfalls darauf hin, dass mein Mandant mich ausdrücklich damit beauftragt hat, eine faire und ausgewogene Regelung auszuarbeiten und keine Maximalpositionen zu vertreten – wenn es denn auch so ist.

Was im Mandatsverhältnis »hinter den Kulissen« besprochen wird, kann der anwaltlich nicht vertretene Ehegatte letztlich jedoch nicht beurteilen. Eine solche Scheidung ist also nur ratsam, wenn noch genügend Vertrauen vorhanden ist.

Irrtum: »Wir bleiben trotz Trennung einfach verheiratet.«

Viele Ehepartner glauben, dass sie nach einer faktischen Trennung weiter verheiratet bleiben können, um beispielsweise steuerliche Vorteile zu behalten. Oft wird diese Situation jahrelang gelebt, manchmal leider mit bösem Erwachen.

Eine Zusammenveranlagung von Eheleuten ist steuerlich nur bis zum Jahr der Trennung möglich. Ab dem auf die Trennung folgenden Kalenderjahr scheidet eine steuerliche Zusammenveranlagung aus, auch wenn die Scheidung noch nicht ausgesprochen wurde.

Jetzt nehmen wir mal an, der gut verdienende Ehemann geht davon aus, steuerlich noch zusammen veranlagt zu werden, und zahlt deshalb auf Grundlage seines Gehaltes bei Steuerklasse III einen hohen

Unterhaltsbetrag, ohne dass die Grundlagen der Unterhaltsermittlung irgendwo festgeschrieben wären.

Stimmt die Ehefrau dann letztlich einer Zusammenveranlagung der Kalenderjahre, die nach der Trennung liegen, nicht zu, verhält sich die Ehefrau steuerrechtlich konform und der Ehemann hat keine Handhabe, die Zusammenveranlagung zwangsweise durchzusetzen. Unterhalt, der dann auf Grundlage eines Einkommens nach Lohnsteuerklasse III in zu großer Höhe gezahlt wurde, kann in der Regel nicht mehr zurückgefordert werden.

Hinzu kommt, dass sich die Ehedauer während der Trennungszeit verlängert und Trennungsunterhaltsansprüche immer leichter durchzusetzen sind als Ansprüche auf Unterhalt für die Zeit nach der Scheidung. Leben die Eheleute also dauerhaft voneinander getrennt, ohne die Scheidung eingereicht zu haben, gibt es noch keine Beendigung der Ehezeit. Und je länger die Ehezeit dauert, je länger wird in der Regel auch nachehelicher Ehegattenunterhalt zu zahlen sein.

Auch der Stichtag für den Zugewinnausgleich wird durch eine Trennung noch nicht gesetzt. Der Berechnungsstichtag ist nämlich nicht das Trennungsdatum, sondern das Datum der Zustellung des Ehescheidungsantrages.

Und schließlich: Auch was den Versorgungsausgleich angeht, ist solch eine dauerhafte Trennungssituation kritisch zu sehen, da die Eheleute nämlich wechselseitig noch an den in der Ehezeit erworbenen Rentenanrechten partizipieren. Die zeitliche Zäsur tritt auch hier nicht mit der Trennung ein, sondern erst mit dem Ende des Monats, der der Zustellung des Scheidungsantrages vorausgeht. Auch dies sollte bei der Frage, ob man dauerhaft getrennt und dennoch verheiratet bleibt, beachtet werden.

Irrtum: »Wir lassen uns online scheiden.«

Die wichtigste Nachricht vorab: Onlinescheidungen gibt es nur im Märchen.

Gibt man bei Google oder anderen Suchmaschinen die Begriffe »Onlinescheidung« oder »Internetscheidung« ein, sind die Ergebnisse interessant bis kurios. Die Scheidung per Mausklick liefert aber nicht das, was man sich darunter vorstellt.

Das deutsche Verfahrensrecht setzt voraus, dass mindestens ein Ehepartner im Scheidungsverfahren anwaltlich vertreten wird, nämlich die antragstellende Seite. Und in der Regel muss der Anwalt, der den Ehescheidungsantrag stellt, an dem Scheidungstermin beim zuständigen Familiengericht entweder selbst oder durch einen Terminsvertreter teilnehmen. Hat man nun in der Hoffnung zu sparen den mit günstiger Onlinescheidung werbenden Anwalt 600 Kilometer entfernt beauftragt, kommt spätestens jetzt das böse Erwachen. Die Anreisekosten des Anwaltes werden nämlich deutlich höher sein als die eines Anwaltes vor Ort. Oder – fast noch schlimmer – man bekommt einen Kollegen vor Ort vorgesetzt, der mit dem konkreten Fall nicht vertraut ist.

Egal, ob der Auftraggeber seinen Onlineanwalt persönlich kennenlernt oder nicht, entstehen ihm für das reine Scheidungsverfahren dieselben Gebühren wie bei einem Anwalt in der Nähe, nämlich eine Verfahrensgebühr und eine Terminsgebühr.

Gibt es am Ende doch Streit, ist es, was das zuständige Gericht betrifft, oft hilfreich, auf den Erfahrungsschatz des ortsansässigen Anwaltes zurückgreifen zu können. Diese Option nimmt man sich bei der Beauftragung eines weit entfernt arbeitenden Rechtsanwaltes.

Und außerdem: Wer seinen Anwalt ausschließlich mit der Einreichung des Scheidungsantrages beauftragt, nachdem er das entsprechende Onlinedokument ausgefüllt hat, verzichtet auf eine qualifizierte Beratung und Tipps, die der Anwalt vor Ort oft jenseits der reinen Bearbeitung der Scheidung noch gibt. (Vom menschlichen Aspekt im Scheidungsmandat ganz abgesehen.)

Oft wissen die Eheleute selbst gar nicht, welche Punkte außerhalb der Scheidung noch regelungsbedürftig sein könnten. Auch diese Dinge erfahren sie im persönlichen Gespräch mit ihrem Anwalt.

Ein als Onlinescheidung beworbenes Scheidungsverfahren ist aus meiner Sicht also extrem schlecht investiertes Geld.
Und wenn zusätzlich zur reinen Ehescheidung noch durch das Familiengericht irgendetwas geregelt werden muss oder auch nur eine Vereinbarung (beispielsweise zum Zugewinnausgleich, zum Unterhalt oder zum Versorgungsausgleich) zu Protokoll gegeben werden soll, ist zwingend ein zweiter Anwalt erforderlich, falls die Eheleute nicht außergerichtlich zu einem Notar gehen. Dann funktioniert das mit der angeblichen Onlinescheidung sowieso nicht.

Irrtum: »Wenn ich nicht zustimme, kann ich nicht geschieden werden.«

Diese Annahme stimmt ebenfalls nicht. Richtig ist vielmehr: Eine Ehe kann nach einem Jahr Trennungszeit nur geschieden werden, wenn der andere Ehepartner zustimmt oder selbst einen Scheidungsantrag stellt. Erklärt der Partner keine Zustimmung, kann die Ehe aber trotzdem geschieden werden, wenn die antragstellende Seite Tatsachen vorträgt, warum die Ehe definitiv gescheitert ist, und dies im Zweifelsfall nachweist. Nach drei Jahren Trennungszeit wird das Scheitern der Ehe hingegen so oder so als unwiderlegbar angenommen. Hier ist dann weder eine Zustimmung noch der Vortrag zum Scheitern der Beziehung erforderlich.
Fazit: Im Rahmen des Ehescheidungsverfahrens seine Zustimmung zu verweigern, ist realistisch betrachtet keine gute Option, um eine Scheidung hinauszuzögern. Das Einzige, was man sich dadurch einhandelt, ist ein unschöner Vortrag zu den Umständen der Trennung und den Gründen für das Scheitern der Ehe.
Will man das Scheidungsverfahren taktisch verzögern, erreicht man dies, begleitet von einem Anwalt, besser anders. An das Scheidungsverfahren geknüpft werden können nämlich sogenannte Folgesachenanträge. Das sind Regelungen, die für den Fall der Scheidung begehrt werden. Keine Folgesache ist der Trennungsunterhalt, der ja nur die Zeit betrifft, bis die Scheidung rechtskräftig ist. Will man aber beispielsweise

nachehelichen Unterhalt, den Zugewinnausgleich oder die Aufteilung der gemeinsam besessenen Hausratsgegenstände für die Zeit ab der rechtskräftigen Scheidung geregelt haben, so kann man den Scheidungsausspruch verzögern, wenn die Voraussetzungen vorliegen, um einen sogenannten Folgesachenantrag einzureichen. Die Scheidung kann dann erst ausgesprochen werden, wenn auch eine Entscheidung über die Folgesache getroffen wurde, was für gewöhnlich einige Zeit in Anspruch nimmt. Allerdings ist nach einer außergewöhnlichen Verzögerung auch die Abtrennung der Folgesache vom Scheidungsverbund möglich.

Irrtum: »Das Familiengericht regelt Zugewinnausgleich und Unterhalt und alle anderen Folgesachen im Rahmen des Scheidungsverfahrens automatisch.«

Automatisch geregelt wird durch das Familiengericht lediglich der Versorgungsausgleich (also der Ausgleich der Rentenanrechte). Alle weiteren vermögensrechtlichen Verfahren sind Antragsverfahren. Wünscht ein Ehegatte also die Regelung von Zugewinnausgleichsansprüchen oder Unterhaltsansprüchen, so muss er dies per Antrag beim Familiengericht geltend machen. Die bessere Variante ist, dass er mit seinem Ehepartner außergerichtliche Lösungen findet, die dann allerdings meist Formvorschriften unterliegen.

Irrtum: »Bei uns ist schon alles geklärt. Wir haben privat eine Vereinbarung zu allem unterzeichnet.«

Achtung! Große Falle.

Hier muss im Einzelfall geprüft werden, ob die privatschriftliche Vereinbarung rechtswirksam zustande kam.

Regelungen zum Zugewinnausgleich vor Rechtskraft der Scheidung und zum Versorgungsausgleich bedürfen beispielsweise zwingend einer notariellen Beurkundung oder Protokollierung bei Gericht. Regelungen zum Hausrat hingegen können privat zwischen den Eheleuten getroffen werden und unterliegen keiner Formvorschrift.

Auch Vereinbarungen zum nachehelichen Unterhalt müssen notariell beurkundet oder beim Familiengericht protokolliert werden, wenn sie getroffen werden, bevor die Scheidung rechtskräftig ist.

IRRTÜMER ZUM EHEGATTENUNTERHALT

Irrtum: »Es gibt keinen nachehelichen Unterhalt.«

Im Jahr 2009 gab es eine Unterhaltsrechtsreform. Seither sitzen viele Mandanten bei mir in der Erstberatung, die davon ausgehen, dass der nacheheliche Ehegattenunterhalt nicht (mehr) geschuldet ist, auf ein oder drei Jahre beschränkt wird oder Ähnliches.

Dies trifft alles nicht zu. Richtig ist, dass nun der Aspekt der Eigenverantwortung nach einer rechtskräftigen Ehescheidung stärkere Beachtung findet und die zeitliche Befristung und Begrenzung von nachehelichem Ehegattenunterhalt ein größeres Thema ist. Aus den »neuen« gesetzlichen Regelungen ergibt sich aber nicht, dass nachehelicher Ehegattenunterhalt gar nicht zu zahlen wäre.

Er wird immer dann fällig, wenn Gründe vorliegen, die einen Ehegattenunterhalt rechtfertigen. Kann beispielsweise der überwiegend die Kinder betreuende Elternteil aufgrund der Betreuung nicht in vollem Umfang arbeiten, wird nachehelicher Ehegattenunterhalt zu zahlen sein. Der sogenannte Betreuungsunterhalt ist der wohl am einfachsten durchzusetzende nacheheliche Ehegattenunterhalt.

Daneben gibt es aber weitere Gründe für nachehelichen Unterhalt. Neben Krankheitsunterhalt oder Unterhalt wegen Alters kommt hier auch der sogenannte Aufstockungsunterhalt zum Tragen. Was das ist? Der Gesetzgeber unterstellt, dass in der Regel während der Ehe die Einkünfte beider Eheleute ihnen gleichermaßen zum Lebensunterhalt zur Verfügung standen. So hat der weniger verdienende Ehepartner während der Ehezeit einen Lebensstandard genossen, der über seinen

finanziellen Möglichkeiten lag. Bricht dieser Lebensunterhalt nun infolge der Trennung für einen der Ehepartner ein, so wird für eine gewisse Übergangszeit noch eine Art Anpassung an das eheliche Lebensniveau zu leisten sein.
Für die Dauer gibt es keine festen Grenzen, man kann jedoch davon ausgehen, dass Ehegattenunterhalt insgesamt für ca. ¼ bis ⅓ der Ehezeit zu zahlen ist. Bei der Abwägung der Unterhaltsdauer wird auch der geleistete Trennungsunterhalt berücksichtigt.

Irrtum: »Wenn meine Ehefrau Vollzeit arbeiten geht, schulde ich ihr keinen Ehegattenunterhalt.«

Unabhängig davon, ob es um Trennungsunterhalt oder um nachehelichen Ehegattenunterhalt geht, ist auch diese Annahme nicht mit den Gesetzen und der Rechtsprechung übereinzubringen.
Wie gerade festgestellt, wird in der Regel vermutet, dass die Einkünfte der Eheleute während intakter Ehezeit von beiden Partnern gemeinsam verbraucht wurden. Nur wenn die Einkommensverhältnisse außerordentlich gut sind und offensichtlich nicht alles Einkommen zum Lebensunterhalt benötigt wurde, weicht man von der sogenannten Quotenunterhaltsberechnung ab.
Wenn das Einkommen der Ehefrau (genauso natürlich des Ehemanns) aus Vollzeitbeschäftigung nun nicht ausreicht, um den eheangemessenen Bedarf zu decken, ergeben sich bei der Ermittlung von Quotenunterhalt Ansprüche entweder als Trennungsunterhalt oder für die Zeit nach der Scheidung als nachehelicher Unterhalt.
Hier ein sehr vereinfachtes Beispiel: Verfügt der Ehemann über bereinigte unterhaltsrechtlich relevante Einkünfte in Höhe von 3000 € und die Ehefrau über Einkünfte in Höhe von 2000 €, so liegt der eheangemessene Bedarf bei 5000 €, wovon nach Quote jedem Ehegatten 2500 € zur Verfügung stehen. Da die Ehefrau hiervon aus eigenem Einkommen nur 2000 € selbst decken kann, verbleibt ein Unterhaltsanspruch in Höhe von 500 € monatlich.

Irrtum: »Wenn ich meinen Erwerbsumfang nach der Trennung reduziere, muss ich keinen Unterhalt mehr zahlen.«

Viele Eheleute kommen auf die Idee, ihre Erwerbstätigkeit nach der Trennung zu verringern, um Unterhaltsansprüche zu minimieren. Im Falle einer Selbstständigkeit kann das beispielsweise durch unterlassene Abrechnungen bereits erbrachter Leistungen erreicht werden, um das Einkommensniveau zu reduzieren.

Hier ist Vorsicht geboten. Bei der Ermittlung von Unterhaltsansprüchen kann es nämlich in Bezug auf sämtliche Einkommensarten dazu kommen, dass ein sogenanntes fiktives Einkommen angerechnet wird. Der Unterhaltszahler muss sich nach der Rechtsprechung leistungsfähig halten und der Unterhaltsempfänger hat umgekehrt die Unterhaltslast so weit wie möglich zu verringern.

Geht man nicht oder reduziert arbeiten, obwohl einer vollen Erwerbstätigkeit keine Gründe entgegenstehen, werden erzielbare Einkünfte spätestens nach Ablauf des Trennungsjahres als vorhanden unterstellt. Die Höhe wird dann vom zuständigen Familienrichter geschätzt oder sachverständig ermittelt.

Bei Mieteinkünften, die vorsätzlich nicht erzielt werden, gilt dasselbe bezogen auf die Höhe der objektiven Marktmiete einer nicht vermieteten Immobilie (nach Ausgaben und Steuern).

Auch bei anderen Einkommensarten können fiktive Einkünfte relevant sein, beispielsweise wenn Gelder aus der Veräußerung der Eheimmobilie nicht gewinnbringend angelegt werden (fiktive Zinseinkünfte) etc. Bevor man sich also arm rechnet, sollte man an mögliche Risiken denken.

Irrtum: »Wer ein außereheliches Verhältnis hatte, bekommt keinen Ehegattenunterhalt.«

Bei einer Scheidung spielt nicht selten eine dritte Person eine Rolle. Führt eine Affäre zum Ende der Ehe, ergeben sich Aspekte im Scheidungsmandat, auf die man achten sollte. Falsch ist es jedoch, anzuneh-

men, dass infolge einer Trennung nach Betrug Unterhaltsansprüche per se entfallen.
Fordert derjenige Unterhalt, der sich (freundlich formuliert) außerehelich orientiert hat, kann ihm eine sogenannte Verwirkung von Unterhalt entgegengehalten werden. Auch wenn das Verschuldensprinzip abgeschafft ist, kann jemand, der sich in nicht hinnehmbarer Weise gegenüber seinem Ehepartner verhalten hat, umgekehrt nicht verlangen, auf Grundlage einer ehelichen Solidarität Unterhalt zu bekommen. Zu prüfen ist in diesen Fällen, ob sich Unterhaltsansprüche reduzieren oder insgesamt entfallen.
Dass gar kein Unterhalt zu zahlen ist, kommt jedoch nur in Ausnahmefällen vor. Sowohl für eine Reduzierung als auch für einen Wegfall wäre erforderlich, dass der Ausbruch aus *intakter* Ehe erfolgte. Und die Frage, was nun intakt ist und was nicht, lässt relativ viel Auslegungsspielraum zu. Trägt der Unterhalt begehrende Ehepartner dann beispielsweise vor, dass es schon seit Jahren nicht mehr zu ehelicher Intimität gekommen ist oder der andere Partner seinerseits außereheliche Beziehungen pflegte, kann nicht unbedingt von einer intakten Ehe ausgegangen werden. Dies ist allerdings immer vom Einzelfall abhängig.
Auch darf man dem Partner das Fremdgehen nicht verziehen haben; es muss zur Trennung geführt haben, um für Unterhaltsansprüche relevant zu sein.
Geht übrigens derjenige fremd, der rechnerisch Unterhalt zu zahlen hat, so ergeben sich gar keine Konsequenzen. Die außereheliche Affäre spielt nur eine Rolle, wenn sie demjenigen vorgeworfen werden kann, der potenziell berechtigt wäre, Unterhalt zu bekommen. Das hat seine Berechtigung darin, dass Unterhaltszahlungen auf der (nach)ehelichen Solidarität beruhen und angenommen wird, dass sich ein Ehepartner, wenn er denn fremdgeht, eben von dieser Solidarität füreinander abwendet und daher nicht mehr auf Grundlage derselben Unterhalt fordern können soll.

Irrtum: »Erhaltener Ehegattenunterhalt ist zu versteuern.«

Auch mit dieser Aussage ist nur die halbe Wahrheit getroffen. Ehegattenunterhaltszahlungen, die empfangen werden, sind grundsätzlich nicht zu versteuern. Sie werden ja bereits aus dem versteuerten Einkommen des anderen Ehepartners geleistet.

Nur wenn der unterhaltszahlende Ehegatte von der Möglichkeit Gebrauch macht, dass begrenzte steuerliche Realsplitting in Anspruch zu nehmen (Anlage U), wird der gezahlte Ehegattenunterhalt bei der Ermittlung seines zu versteuernden Einkommens bis zu einem Höchstbetrag in Höhe von (aktuell) 13.805 € p. a. abgezogen. Nur in diesem Fall wird der Ehegattenunterhalt also aus dem noch nicht versteuerten Einkommen gezahlt und der den Unterhalt empfangende Ehegatte muss insofern die Versteuerung selbst übernehmen.

Die Steuerlast bleibt aber nicht bei dem Unterhaltsempfänger, wenn er den unterhaltszahlenden Ehegatten auf Nachteilsausgleich in Anspruch nimmt. Ratsam ist es, die Anlage U nur zu unterzeichnen, wenn der Unterhaltsschuldner zuvor eine sogenannte Nachteilsausgleichsverpflichtungserklärung unterschreibt. Hierin verpflichtet er sich, dem Unterhaltsempfänger alle Nachteile zu erstatten, die durch die Inanspruchnahme des begrenzten steuerlichen Realsplittings entstehen. Dein Steuerberater oder Anwalt können dir hierzu Weiteres erklären.

In diesem Zusammenhang ist übrigens darauf zu achten, dass Kindesunterhalt nicht im Rahmen der Anlage U geltend gemacht werden kann.

Irrtum: »Auf Ehegattenunterhalt kann man wirksam verzichten.«

Auch hier ist Vorsicht geboten. Auf laufenden Trennungsunterhalt oder Kindesunterhalt kann man nicht rechtswirksam verzichten. Dies ergibt sich aus dem Gesetz.

Für nachehelichen Ehegattenunterhalt ist das in gewissem Maße möglich, aber für Trennungsunterhaltsansprüche so wie auch für Kindesunterhalt bislang nicht. Wollen die Eheleute im Rahmen eines

Scheidungsverfahrens durch eine Trennungs- und Scheidungsfolgenvereinbarung regeln, dass laufender Trennungsunterhalt anders abgegolten ist, so muss man bei der Formulierung des Vertragsinhaltes eine Kompensation aufnehmen, damit man keine unwirksame Regelung protokolliert. In Bezug auf sämtliche Unterhaltsrückstände ist allerdings ein Verzicht möglich.

IRRTÜMER ZUM KINDESUNTERHALT

Irrtum: »Wenn die Kinder im Wechselmodell betreut werden, gibt es keine Unterhaltsansprüche.«

Auch diese Annahme habe ich häufig gehört, sie entspricht jedoch nicht den Tatsachen.

Betreut ein Elternteil die Kinder überwiegend, so schuldet der andere Elternteil ihm Kindesunterhalt nach der Düsseldorfer Tabelle. Diese wird (nahezu) jährlich veröffentlicht und ist frei einsehbar im Internet (Link: https://www.olg-duesseldorf.nrw.de/infos/Duesseldorfer_Tabelle/).

Die aktuelle Gesetzeslage und Rechtsprechung sieht vor, dass Unterhaltsansprüche für Kinder nach Düsseldorfer Tabelle nur dann ausscheiden, wenn eine paritätische Betreuung der Kinder im Wechselmodell erfolgt (also streng jeweils 50 Prozent). Betreut ein Elternteil das Kind im Verhältnis zu anderen Fällen zwar überdurchschnittlich, aber noch nicht im exakt hälftigen Umfang, bleibt es bei Ansprüchen auf Kindesunterhalt entsprechend der Düsseldorfer Tabelle (selbst wenn die Mitbetreuung im Extremfall 49 Prozent beträgt).

Es kann sein, dass sich hier in naher Zukunft etwas ändert. Bereits im August 2023 wurde vom Bundesjustizministerium ein Eckpunktepapier vorgelegt, mit welchem eine Unterhaltsreform angestoßen werden sollte. Bei einer Betreuung des Kindes ab 30 Prozent soll es künftig auf beide Elterneinkünfte ankommen. Kurz bevor die Ampel-Regierung im

Herbst 2024 geplatzt ist, wurde auch der lang erwartete Referentenentwurf zur Unterhaltsreform vorgelegt. Aktuell liegt aber nun wieder alles auf Eis und es ist abzuwarten, welche Regierung sich dann für welche Reform entscheidet. Es bleibt also spannend, ob und wann neue Unterhaltsgesetze das Licht der Welt erblicken. Nötig wären sie allemal.
Bis dahin bleibt es dabei, dass die Düsseldorfer Tabelle nur dann nicht angewendet wird, wenn das Kind von beiden Eltern in genau dem gleichen Umfang betreut wird.
Wenn ein echtes Wechselmodell gelebt wird und damit verbunden die Düsseldorfer Tabelle ausscheidet, bedeutet das aber nicht unbedingt, dass Ausgleichsansprüche insgesamt wegfallen würden. Dem Kind soll bei beiden Elternteilen ein vergleichbarer Lebensstandard geboten werden. Liegt also ein Einkommensgefälle der gleichermaßen betreuenden Elternteile vor, so schuldet der mehr verdienende Elternteil dem anderen trotzdem eine Ausgleichszahlung. Diese wird dann konkret zu ermitteln sein, liegt aber niemals über dem Betrag, der laut Düsseldorfer Tabelle zu zahlen wäre, wenn die Betreuung nicht hälftig erfolgen würde.

Irrtum: »Wenn ich die Kinder in den Ferien habe, ist kein Unterhalt geschuldet.«

Diese Annahme ist unzutreffend. Kindesunterhalt des nicht überwiegend betreuenden Elternteils nach Düsseldorfer Tabelle schließt ein, dass Umgangskontakte ca. zehn Tage im Monat stattfinden (jedes zweite Wochenende und einen Tag unter der Woche) und die Ferienbetreuung hälftig geleistet wird.

Irrtum: »Wenn ich meinen Kindern Kleidung kaufe, kann ich das Geld von dem zu zahlenden Kindesunterhalt abziehen.«

Auch diese Annahme ist zu korrigieren.
In Bezug auf Kindesunterhalt gibt es kein Bestimmungsrecht, was mit dem geleisteten Unterhalt tatsächlich bestritten wird. Oft wird in Beratungen gerügt, dass der gezahlte Unterhalt gefühlt nicht beim Kind an-

kommt, sondern der betreuende Elternteil ihn für sich verwendet. Von krassen Ausnahmefällen abgesehen gibt es hier jedoch keine Handhabe. Laufender Kindesunterhalt kann auch nicht mit Gegenansprüchen verrechnet werden. Hier bleibt nur, das Gespräch mit dem betreuenden Elternteil zu suchen und gegebenenfalls die Vermittlungshilfe des Jugendamtes einzuschalten.

Irrtum: »Unterhalt kann ich rückwirkend ab der Trennung fordern.«

Hier liegt ein großer und drastischer Irrtum vor. Unterhalt kann realistisch erst ab dem Monat durchgesetzt werden, in dem der Partner zumindest im Rahmen einer Stufenmahnung in Verzug gesetzt wird. Eine Stufenmahnung bedeutet, dass ich Einkommensunterlagen fordere, die es mir ermöglichen, den dem Grunde nach bereits geltend gemachten Ehegatten- oder Kindesunterhalt zu ermitteln. Ratsam ist es, eine solche Stufenmahnung mit anwaltlicher Hilfe aufzusetzen. Daher ist dies, also den Partner rechtzeitig in Verzug zu setzen, in der Erstberatung immer der wichtigste Rat, den ich bei einer frischen Trennungssituation mitgebe.

IRRTÜMER RUND UM DIE EHEIMMOBILIE

Irrtum: »Wenn mir die Ehewohnung gehört, muss mein Partner nach der Trennung ausziehen.«

Auch diese Annahme entspricht nicht den Tatsachen. Die Eigentumsverhältnisse sind zwar bei der Frage, wer nach einer Trennung in der Ehewohnung wohnen bleiben darf, zu berücksichtigen, sie spielen aber nur als ein Kriterium im Rahmen der Billigkeitsabwägung eine Rolle. Hat der Ehegatte, der nicht Eigentümer der Immobilie ist, beispielsweise während intakter Ehezeit die minderjährigen Kinder überwiegend betreut, wird es relativ wahrscheinlich sein, dass ihm auch nach der Trennung zunächst die Ehewohnung zur weiteren Nutzung zusammen mit den minderjährigen Kindern zugesprochen wird, um den Kindern einen Auszug zu ersparen.

Umgekehrt wird der in der Ehewohnung verbleibende Ehegatte aber wahrscheinlich einen Wohnvorteil im Rahmen der Unterhaltsberechnung gegen sich gelten lassen müssen oder ein Nutzungsentgelt dafür zu zahlen haben, dass er die Immobilie weiterhin bewohnt.

Irrtum: »Wenn mein Ehepartner die Immobilie bewohnt, muss er mir hierfür immer Miete in Höhe der realistisch erzielbaren Marktmiete zahlen.«

Der Ehegatte, der in der früheren Ehewohnung wohnen bleibt, hat hierfür entweder direkt oder indirekt aufzukommen, wenn die Immobilie (anteilig) im Eigentum des anderen Ehepartners steht. Das stimmt.

Ist der ausgezogene Ehepartner Alleineigentümer, so hat der in der Wohnung verbleibende Ehepartner nach Ablauf des Trennungsjahres auch Nutzungsentgelt in Höhe der objektiv erzielbaren Marktmiete zu leisten. Sind die Ehepartner hälftige Miteigentümer, ergibt sich das Nutzungsentgelt in Höhe der Hälfte der objektiven Marktmiete.

Stehen die Eheleute aber darüber hinaus in einem Unterhaltsverhältnis, so wird der Vorteil mietfreien Wohnens bereits im Rahmen der Unterhaltsberechnung als Einkommensbestandteil in Form eines Nutzungsvorteils berücksichtigt worden sein. Wenn dem so ist, scheidet eine (doppelte) Geltendmachung, indem auch noch die Zahlung einer Miete gefordert wird, aus.

Zu beachten ist, dass während des ersten Trennungsjahres nur ein sogenannter »angemessener Wohnvorteil« zum Tragen kommt. Während des ersten Trennungsjahres soll nämlich keine Veranlassung dafür geschaffen werden, die Eheimmobilie zu veräußern. Es soll alles so bleiben, wie es in intakter Ehezeit gehandhabt wurde. Der angemessene Wohnvorteil liegt in der Regel (teilweise weit) unter dem objektiv erzielbaren Mietpreis. Maßgeblich ist, was der in der Wohnung verbliebene Ehepartner aufwenden müsste, um einen den ehelichen Lebensverhältnissen entsprechenden, aber kleineren Wohnraum zu beziehen.

Irrtum: »Wenn ich das Immobiliendarlehen in der Ehezeit abzahle, muss mein Ehepartner mir nach der Trennung die Hälfte der von mir geleisteten Darlehensraten zurückzahlen.«

Diese Annahme ist ebenfalls falsch. Auch wenn man davon ausgeht, dass die Eheimmobilie beiden Eheleuten hälftig gehört und das grundbesitzbezogene Darlehen auch gesamtschuldnerisch gegenüber der Bank aufgenommen wurde, gibt es hier während intakter Ehezeit in der Regel keine gesonderten Ausgleichsansprüche. Selbst dann nicht, wenn ein Ehepartner allein für das Darlehen aufkam.

Zwar sagt das Gesetz, dass Gesamtschuldner im Verhältnis zueinander zu gleichen Anteilen verpflichtet sind, also grundsätzlich erst einmal daran gedacht werden kann, dass man den verauslagten Hälfteanteil von der anderen Seite zurückfordert. Durch das eheliche Zusammenleben wird allerdings vermutet, dass abweichend von der gesetzlichen Regelung etwas anderes bestimmt wurde. Unterstellt wird nämlich, dass die Eheleute während intakter Ehezeit gemeinsam gewirtschaftet haben. Zahlt der eine Ehepartner also beispielsweise die Wohnkosten (unabhängig davon, ob es eine Miete oder das Immobiliendarlehen ist), wird umgekehrt davon ausgegangen, dass der andere Ehepartner anderweitige Leistungen zum ehelichen Zusammenleben erbracht hat. Dies kann monetär geschehen sein, durch die Bestreitung der Urlaubskosten, Erledigung von Einkäufen, Anschaffung der Kinderkleidung etc. Alternativ kann es aber auch erfolgt sein, indem der andere den Haushalt erledigt, die Wäsche gewaschen, gebügelt und dem Partner den Rücken freigehalten hat, Stichwort Care-Arbeit.

Diese Vermutungen nach der Trennung zu widerlegen und Ausgleichsansprüche herzuleiten, dürfte zumindest schwierig, wenn nicht unrealistisch sein.

Irrtum: »Eheleute zahlen keine Steuern für Immobilienübertragungen untereinander.«

In aller Regel fällt bei Übertragungen von Immobilienanteilen unter Ehegatten keine Grunderwerbsteuer an.

Vorsicht ist aber geboten bei der Frage der sogenannten Spekulationssteuer. Grundsätzlich schicke ich meine Scheidungsmandanten daher immer zum Steuerberater, bevor sie eine notarielle Regelung unterzeichnen.

Die Spekulationsfrist beträgt grundsätzlich zehn Jahre. Wird eine Immobilie angeschafft und innerhalb von zehn Jahren mit Gewinn veräußert, so sind auf den Gewinn Steuern zu zahlen. Eine Ausnahme davon gibt es nur dann, wenn die Immobilie im Jahr der Veräußerung und in den beiden vorangehenden Kalenderjahren ausschließlich selbst genutzt wird. Dies ist zu beachten, wenn es um die Frage geht, wann ein Ehepartner aus der Eheimmobilie auszieht. Der Auszug kann also Auswirkungen auf die Frage der Spekulationssteuer haben, wenn der ausgezogene Partner seinen Immobilienanteil später an den anderen Ehegatten verkauft oder die Immobilie insgesamt fremdveräußert wird.

Irrtum: »Wenn ich die Eheimmobilie allein anschaffe, muss ich meinem Ehepartner hierfür auch keinen Ausgleich zahlen. Es ist also klug, die Immobilie in der Ehezeit als Alleineigentum zu erwerben.«

Auch dies ist unterm Strich ein großer Irrglaube, wenn die Eheleute im gesetzlichen Güterstand der Zugewinngemeinschaft miteinander verheiratet sind.

Zwar ist der Ehepartner, der die Immobilie als Alleineigentümer in der Ehezeit erworben hat, auch nach der Trennung Alleineigentümer. Aber im Rahmen des Zugewinnausgleichs wird alles ausgeglichen, was in der Ehezeit hinzuerworben wurde, so wie es sich aus dem Wortsinn ergibt.

Hat ein Ehepartner also zu Beginn der Ehezeit keinerlei Vermögenswerte und am Ende der Ehezeit den Vermögenswert der Eheimmobilie, so hat er den Wert der Immobilie hinzugewonnen. War die Immobilie beispielsweise bei Zustellung des Ehescheidungsantrages 400 000 € wert und bei Eheschließung noch nicht vorhanden, beläuft sich der Zugewinn auf 400 000 €. Hat der andere Ehepartner am Anfang der Ehezeit und bei dem Endvermögensstichtag keinerlei Vermögenswerte, so hat er keinen Zugewinn erwirtschaftet. Der Ehepartner, der die Eheimmobilie erworben hat, muss die Hälfte des Wertes und somit einen Betrag in Höhe von 200 000 € als Zugewinnausgleich zahlen.
Ähnlich verhält es sich, wenn in der Ehezeit Verbindlichkeiten abgezahlt werden. War die Immobilie zu Beginn der Ehezeit schon im Vermögen eines Ehepartners aber voll belastet, so ist das Anfangsvermögen wiederum bei 0 € anzusetzen. Sind zum Datum der Zustellung des Ehescheidungsantrages dann noch 100 000 € Schulden vorhanden bei einem Immobilienwert in Höhe von 400 000 €, so beläuft sich das Endvermögen auf 300 000 €. Bei ansonsten gleichbleibenden Voraussetzungen zu dem vorangehenden Beispiel wären dann 150 000 € als Zugewinnausgleich zu zahlen. Das gilt auch dann, wenn der Alleineigentümer der Immobilie das Darlehen aus eigenem Einkommen während der Ehezeit abgezahlt hat. Das mag erst mal unfair klingen. Aber mit Eheschließung entscheidet man sich eben, gemeinsam zu wirtschaften, wenn man durch Ehevertrag nichts anderes vereinbart. Und wenn man das eheliche Zusammenleben mal genau betrachtet, dann wird es nicht selten so sein, dass ein Ehepartner das Darlehen abzahlt und der andere Ehepartner die Kinder und den Haushalt versorgt und vielleicht darüber hinaus noch für die Einkäufe aufkommt oder Ähnliches. Unfair wäre es (zu Ende durchdacht), wenn der eine Partner dann die Eheimmobilie erworben hätte (ohne Ausgleich zu leisten), während der andere Ehepartner aus der Ehe mit nichts rausgeht, weil er seinen Beitrag eben durch Bedienung von Verbrauchskosten und Care-Arbeit geleistet hat.

IRRTÜMER ZUM ZUGEWINNAUSGLEICH

Irrtum: »Erbschaften werden beim Zugewinnausgleich nicht berücksichtigt.«

Auch diese Annahme, die ich in den Beratungen oft höre, ist nur zum Teil mit der Realität übereinzubringen.

Erbschaften oder Schenkungen innerhalb der Ehezeit werden so behandelt, als hätte der Ehepartner, der das Erbe oder die Schenkung erhalten hat, den Vermögenswert bereits im Anfangsvermögen gehabt. Maßgeblich ist allerdings nur der Wert, den die Erbschaft oder Schenkung zu dem Zeitpunkt des Erwerbs gerade hatte. Wurde beispielsweise eine Immobilie im Jahr 1998 geerbt, so ist der Wert maßgeblich, den die Immobilie im Jahr 1998 hatte.

Hat sich an dem Vermögensbestand seither nichts verändert und im Endvermögen ist diese Immobilie nach wie vor vorhanden, spielt zum Zeitpunkt der Zustellung des Scheidungsantrages aber der Wert eine Rolle, den die Immobilie dann hat. Im Hinblick auf die Immobilienpreissteigerungen der vergangenen Jahre kann dies zu einem erheblichen Wertzuwachs führen.

Teilweise kompensiert wird der im Anfangsvermögen geringer angesetzte Wert dadurch, dass er an den Verbraucherpreisjahresindex angepasst wird (indexiert wird). In aller Regel wird dies aber nicht ausreichen, sodass sich trotzdem noch ein Wertzuwachs im Rahmen der Zugewinnausgleichsberechnung ergibt.

Irrtum: »An das Vermögen bei Eheschließung kann sich doch mein Partner noch genau erinnern. Ich muss es daher nicht nachweisen.«

Falsch. Das Anfangsvermögen muss der Ehegatte, der sich darauf beruft, immer dann nachweisen, wenn der Ehepartner sich (angeblich) nicht daran erinnern kann. Gelingt ihm dies nicht, weil die Banken beispielsweise Unterlagen nur zehn Jahre aufbewahren, geht die fehlende Nachweisbarkeit mit dem Ehepartner nach Hause, der es nicht mehr beweisen kann.

Solltest du also mit Trennungsgedanken spielen und es sind noch keine zehn Jahre seit der Eheschließung vergangen, dann liste zwingend dein Anfangsvermögen zum Zeitpunkt der Eheschließung nebst Nachweisen auf, solange du noch Zugriff auf Belege hast.

IRRTÜMER ZUM VERSORGUNGSAUSGLEICH

Irrtum: »Über den Versorgungsausgleich werden nur die gesetzlichen Rentenanrechte ausgeglichen.«

Oft sind Eheleute in der Beratung überrascht, dass auch die private Rentenvorsorge und betriebliche Altersversorgungen im Rahmen des Scheidungsverfahrens ausgeglichen werden. All das gehört mit zum Versorgungsausgleich – der, wie schon gesagt, die einzige Angelegenheit ist, die im Zusammenhang mit der Ehescheidung vom Familiengericht ganz automatisch als Folgesache geregelt wird.

Vom Grundsatz her kann man sich merken, dass alles, was auf Kapitalbasis als private Altersvorsorge angespart wird, unter den Zugewinnausgleich fällt. Alles, was auf Basis monatlicher Rentenzahlungen bespart wird, unterliegt dem Versorgungsausgleich. Abgrenzungsschwierigkeiten gibt es manchmal bei Lebensversicherungen mit Rentenwahlrecht oder Rentenversicherungen mit Kapitalwahlrecht. Ehrlich gesagt gibt es hier sogar Missbrauchsgefahr dergestalt, dass mit der Ausübung des Wahlrechts taktiert wird. Lasst euch hierzu bitte konkret beraten.

Irrtum: »Auf den Versorgungsausgleich werden wir einfach verzichten.«

Ein Verzicht auf den Versorgungsausgleich ist mit Vorsicht zu genießen. Wird eine entsprechende Erklärung beim Notar abgegeben, wird das Familiengericht die Regelung inhaltlich auf jeden Fall überprüfen, wenn seit Abschluss des Notarvertrages noch kein Jahr vergangen ist. Auch wenn das Jahr bereits abgelaufen ist, können entsprechende Regelungen ebenso wie alle anderen ehevertraglichen Gestaltungen einer Inhalts- und Ausübungskontrolle unterzogen werden.

Der Versorgungsausgleich ist ein Kernbereich bei der Überprüfung von Eheverträgen. Hier sind die strengsten Grenzen gesetzt. Verzichtet die nicht erwerbstätige Ehefrau nach dreißig Jahren Ehezeit beispielsweise auf ihre Anrechte aus dem Versorgungsausgleich und erhält stattdessen vom Ehemann einen Kapitalbetrag, den sie jedoch gleichermaßen für Schönheitsoperationen, Urlaubsreisen etc. ausgeben könnte, so könnte sich die Überprüfung schwierig gestalten. Es muss immer dafür gesorgt sein, dass bei einem Verzicht oder einer Kürzung des Versorgungsausgleichs auf andere Weise eine Kompensation geschaffen wird, mit der eine Altersvorsorge gesichert erscheint. Erhält die Ehefrau beispielsweise die Eheimmobilie stattdessen und hat auf diese Weise für den Fall des Alters eine Absicherung, werden Regelungen vom Familiengericht mit Sicherheit leichter begleitet werden.

Irrtum: »Mein Ehepartner ist von Hause aus vermögend und wird auch reich erben, deshalb muss ich keinen Zugewinnausgleich und keinen Versorgungsausgleich zahlen.«

Diese Annahme ist unrichtig. Wer eine Ehe eingeht, entscheidet sich dafür, für den anderen einzustehen und mit ihm zu wirtschaften. Ausschließen kann man dies nur durch ehevertragliche Regelungen in den Grenzen, die einer Inhalts- und Ausübungskontrolle standhalten. Ob der andere Ehepartner Erbschaften zu erwarten hat und deshalb im Falle der Scheidung sein Auskommen findet, spielt dabei keine Rolle.

IRRTÜMER ZUM HAUSRAT

Irrtum: »Jeder darf den Hausrat mitnehmen, den er auch gezahlt hat.«

Hausratsgegenstände sind Ausstattungs- und Einrichtungsgegenstände, die dem ehelichen Zweck dienten. Das Sofa, auf dem die Eheleute gesessen haben, oder der Fernseher, in welchen die Eheleute geschaut haben, ist ebenso ehelicher Hausrat wie das Besteck und das Geschirr. Sämtlicher Hausrat, der in der Ehezeit angeschafft wurde, ist nach gesetzlichen Vorschriften zwischen den Eheleuten aufzuteilen. Die Herkunft der Mittel ist hierfür nicht erheblich. Selbst wenn also der alleinverdienende Ehepartner alle Hausratsgegenstände während der Zeit der Ehe allein angeschafft hat, erfolgt eine Aufteilung dieses Hausrates nach Billigkeitsgesichtspunkten.

In der Regel wird dieser Hausrat hälftig aufzuteilen sein. Hat ein Ehepartner überwiegend die Kinder bei sich, wird sich die Waagschale etwas in seine Richtung neigen.

Bezüglich des Hausrates ist es aus meiner Sicht ganz unbedingt die sinnvollste Lösung, dass die Eheleute sich einigen. Eine Regelung zu Hausratsgegenständen unterliegt keinen Formvorschriften. Wenn also eine Aufstellung darüber angefertigt wird, welcher Ehegatte welchen Hausrat nach der Trennung mitnehmen und auch nach der Scheidung behalten darf, dann spart dies Anwaltskosten, die wohl in aller Regel nicht im Verhältnis zu dem aufgeteilten Hausrat stehen.

Irrtum: »Unser Pkw ist Hausrat.«

Dies stimmt nur dann, wenn mit dem Wagen die ehelichen Einkäufe erledigt wurden, die Kinder zu ihren Hobbys gefahren wurden oder anders ein ehelicher Zweck erreicht wurde. Ansonsten ist der Pkw Vermögensgegenstand und der Ausgleich erfolgt im Rahmen des Zugewinnausgleichs.

Irrtum: »Das Gemälde ist Hausrat.«

Die Abgrenzung zum Zugewinnausgleich liegt in der Beurteilung, ob die Gegenstände der Vermögensbildung dienten oder dem ehelichen Zweck. Ein plakatives Beispiel ist ein Bild, das an der Wand hängt. Ist dieses Bild eine Antiquität und wurde zur Vermögensbildung angeschafft, könnte es sich um einen Vermögenswert handeln, der im Zugewinnausgleich auszugleichen ist. Handelt es sich um einen Ikea-Kunstdruck, ist das Bild mit Sicherheit Hausrat.

IRRTÜMER ZU KINDSCHAFTSTHEMEN

Irrtum: »In Bezug auf Kinder gibt es einen gesetzlich geregelten Umgang.«

Diese Annahme ist nicht zutreffend. In welchem Rahmen Umgangskontakte befürwortet werden, hängt immer vom Kindeswohl ab. Dies kann sich von Fall zu Fall unterscheiden und es gibt hier verschiedene Betreuungsvarianten.

In einer Trennungssituation wünschen sich Mandanten anfänglich oft, das Nestmodell zu leben. Nestmodell bedeutet, dass das Kind einen festen Lebensort hat und die voneinander getrennten Eltern an diesem Ort dann abwechselnd Zeit mit dem Kind verbringen. Sie betreuen das Kind sozusagen in seinem Nest und versorgen es dort.

Spätestens aber, wenn neue Partner auf der Bildfläche erscheinen, gestaltet sich die Handhabung eines Nestmodells erfahrungsgemäß schwierig. Weder das (frühere) Ehebett noch das Bad mit all den persönlichen Utensilien möchte man mit dem eigenen Nachfolger oder der Nachfolgerin teilen.

In der Praxis kommen daher häufiger das Wechselmodell und das Residenzmodell vor.

Das Wechselmodell, wenn es streng paritätisch und mit Unterhaltsrelevanz gelebt wird, bedeutet, dass eine Betreuung des Kindes genau hälftig geschieht. Das Kind wechselt dann von einem in den anderen Haushalt und verbringt dabei genau 50 Prozent der Zeit bei jedem Elternteil. Das Residenzmodell bedeutet, dass das Kind in dem Haushalt lebt, wo seine Betreuung überwiegend stattfindet. Der andere Elternteil hat dann ein Umgangsrecht (und übrigens auch eine Umgangspflicht). Das Residenzmodell ist immer noch das gängigste Modell, obgleich das Wechselmodell an Attraktivität zunimmt.

Irrtum: »Ich will, dass das Kind bei mir lebt, und daher will ich das alleinige Sorgerecht.«

In dieser oft gehörten Aussage geht juristisch gesehen einiges durcheinander. Es ist hier nämlich zwischen Sorgerecht und Umgangsrecht zu unterscheiden.

Das Sorgerecht für die Kinder steht den Eheleuten nach der Scheidung gemeinsam zu. Es ist äußerst schwierig, das alleinige Sorgerecht für sich zu beanspruchen, und bedarf außergewöhnlicher Gründe, die das Kindeswohl beeinträchtigen.

Ein gemeinsames Sorgerecht bedeutet aber nur, dass Entscheidungen von gewichtiger Bedeutung gemeinsam getroffen werden. Wird das Kind einer planbaren Mandel-OP unterzogen? Welche weiterführende Schule besucht das Kind? Wo wohnt das Kind überwiegend?

Das Umgangsrecht hingegen betrifft die Frage, wer zu welchen Zeiten berechtigt ist, Umgang mit seinem Kind zu haben. Auch hierüber gibt es oft Streit. Das grundsätzliche gemeinsame Sorgerecht ist hiervon aber zunächst nicht beeinträchtigt.

Irrtum: »Wenn mein Kind bei mir lebt, habe ich das alleinige Aufenthaltsbestimmungsrecht.«

Ein Teil des elterlichen Sorgerechts ist das sogenannte Aufenthaltsbestimmungsrecht.

Nur weil das gemeinsame Kind bei einem Elternteil lebt und hierüber ein Konsens erzielt wurde, heißt das nicht automatisch, dass diesem Elternteil auch das alleinige Aufenthaltsbestimmungsrecht zusteht. Hegt er Umzugspläne und verfügt er über keinen richterlichen Beschluss, wonach ihm das Aufenthaltsbestimmungsrecht allein übertragen wurde, so hat er mit dem anderen Elternteil einen Konsens zu erzielen, wenn ein gewisser Radius überschritten wird. Hierzu gibt es keine feste Grenze. In etwa kann man davon ausgehen, dass eine Zustimmung dann erforderlich ist, wenn bei einem geplanten Umzug ein Umkreis von mehr als 20 Kilometern überschritten wird oder der Elternteil über eine halbe Stunde einfachen Fahrtweg hätte, um sein Kind zu sehen.

Irrtum: »Wenn mein Kind mir vermittelt, dass es den anderen Elternteil nicht sehen will, dann muss ich es auch nicht zu Umgangskontakten herausgeben.«

Nach einer Trennung gestaltet es sich oft schwierig, das, was das Kind sagt, mit dem übereinzubringen, was tatsächlich in dem Kind vorgeht. Kinder befinden sich nach der Trennung oft in einem erheblichen Loyalitätskonflikt, der von außen betrachtet nur schwer greifbar ist. Was man aber auf jeden Fall beachten sollte, ist der Umstand, dass das Kind es im Zweifel beiden Elternteilen recht machen möchte und Unsicherheiten, die der eine oder der andere Elternteil ausstrahlt, gern auch kompensiert. Das Kind macht dies nicht mit Absicht und vermittelt die Botschaften, die platziert werden, auch nicht mit bösem Willen. Bitte beachte das in der Trennungssituation immer.
Sei offen und bereit, weiter Vater oder Mutter zu sein. Lies mal den nachfolgenden Brief. Er ist frei erfunden, könnte aber genau so geschrieben sein, wenn dein Kind seine Gefühlslage inmitten seines Loyalitätskonfliktes schon klar äußern könnte, glaub mir:

»Liebe Mama, lieber Papa,

ich verstehe nicht genau, was passiert ist. Ihr habt mir gesagt, dass ihr euch nicht mehr so lieb habt wie früher, und ich habe große Angst, dass ihr auch mich irgendwann nicht mehr lieb haben könntet. Bitte gebt mir die Sicherheit, dass das nie geschehen wird. Und bitte streitet euch nicht mehr. Ich mache mir dann immer große Sorgen und fühle mich ganz zerrissen.
Ich frage mich auch, ob ich was falsch gemacht habe oder nicht artig genug war und ihr euch deshalb getrennt habt.
Ich habe euch beide lieb und ich weiß nicht, warum du, Mama, so traurig bist, wenn ich von dem tollen Wochenende mit Papa erzähle. Ich werde besser nicht mehr so überschwänglich sein und dir deutlicher sagen und zeigen, dass ich am allerliebsten bei dir bin.
Dich, Papa, will ich eigentlich viel mehr sehen. So wie früher, auch wenn es nur abends vorm Einschlafen war. Ich habe immer noch die Hoffnung, dass du zurückkommst, wenn ich dir nach unserem Wochenende sage, dass ich gar nicht von dir wegwill.
Es gibt sicher Gründe, warum ihr so entschieden habt. Ich vertraue euch und kann das akzeptieren. Aber ich brauche euch beide gerade jetzt ganz dringend und wünsche mir sehr, dass wir in unserer gemeinsamen Zeit ganz viel Quatsch machen und kuscheln. Ich will dann nicht über euren Streit sprechen oder wissen, was eure Anwälte schreiben – das macht mich nämlich immer sehr traurig.«

Macht was mit einem, oder?
An alle Scheidungspaare: Bitte gebt euren Kindern eine Stimme und hört zu – nicht nur mit den Ohren, sondern auch oder erst recht mit dem Herzen. Und seid weiter Eltern, auch wenn ihr als Paar nicht mehr funktioniert. Bitte gebt eurem Kind das Gefühl, dass es »okay« ist, den anderen Elternteil lieb zu haben, und nehmt eure Traurigkeit und eure Emotionen vor dem Kind zurück.

Irrtum: »Das Kind darf entscheiden, bei wem es leben möchte.«

Wo ein Kind im Streitfall lebt, richtet sich nach Kindeswohlgesichtspunkten. Insofern werden weder die Interessen und Wünsche des einen noch des anderen Elternteils hier ausschlaggebend sein. Bei dem Streit darüber, wo das Kind lebt, haben die Kindeseltern naturgemäß unterschiedliche Auffassungen, was dem Kindeswohl am meisten entspricht. Finden sie keine Einigung darüber, kommt es notgedrungen zu einem Gerichtsverfahren. Der Richter hört das Kind dann im Rahmen des Kindschaftsverfahrens an, um herauszufinden, was dem Kindeswohl im vorliegenden Fall wohl am dienlichsten wäre.

Auch kleine Kinder werden angehört. Hat das Kind das 14. Lebensjahr vollendet, ist es automatisch auch Verfahrensbeteiligter. Dies bedeutet aber nicht, dass ihm die alleinige Entscheidungsbefugnis übertragen wird. Das wäre auch eine zu schwere Last auf den Schultern eines minderjährigen Kindes.

Der Richter wird versuchen einzuschätzen, ob das Kind in seiner Meinungsbildung bereits gefestigt ist und sich gut positionieren kann. Dabei gilt es zu erkennen, ob das Kind lediglich den Wunsch eines Elternteils weitergibt und sich womöglich in einem starken Loyalitätskonflikt befindet. Dies herauszufinden, ist nicht ganz einfach, weshalb sich der Richter auch eine Stellungnahme des immer beteiligten Jugendamtes einholen wird. Vor einer streitigen Entscheidung wird in der Regel auch ein Sachverständigengutachten dazu eingeholt, was dem Kindeswohl am meisten entspricht.

Die zuständigen Familienrichter haben eine Sensibilität dafür entwickelt, minderjährige Kinder zu befragen. Sie besuchen hierzu auch Fortbildungsveranstaltungen, sodass dem Kind die Angst vor der Befragung in der Regel weitestgehend genommen werden kann. Die Befragung geht (so kenne ich es) spielerisch vonstatten und findet in einem geschützten Raum statt. Trotzdem ist die Variante, dass sich die Kindeseltern über die Frage des Wohnortes und der Obhut des Kindes einvernehmlich einigen, natürlich die wesentlich bessere.

Meist kann das Kind mit der Entscheidung, die die Eltern gemeinsam in seinem Sinne getroffen haben, nämlich gut leben. Besonders schön empfinde ich es dann, wenn die Eltern ihrem Kind die Entscheidung auch zusammen vermitteln können.

IRRTÜMER ZU DEN VERFAHRENSKOSTEN

Irrtum: »Wenn mein Ehepartner wesentlich mehr verdient als ich, dann muss er auch die Kosten meines Anwaltes im Scheidungsverfahren tragen.«

Diese Annahme ist unzutreffend. Wenn ein Ehepartner wesentlich mehr verdient als der andere Ehepartner, dann gibt es in der Regel Trennungsunterhaltsansprüche. Wird der Trennungsunterhalt nach Quote ermittelt, also das Einkommen beider Eheleute in einen Topf geworfen und anschließend geteilt (laienhaft ausgedrückt), dann beinhaltet der Ehegattenunterhalt auch die Kosten für einen Anwalt im Rahmen des Scheidungsverfahrens.

Bei besonders guten Einkommensverhältnissen gibt es die Möglichkeit, Unterhalt auch konkret geltend zu machen. Hier werden dann alle Bedarfspositionen benannt und dargelegt (Essen, Wohnkosten, Kosmetik, Versicherungen, Hobbys und so weiter).

Und lediglich dann, also wenn der Unterhalt nicht nach Quote ermittelt wird, sondern konkret, weil ein Ehepartner weit überdurchschnittlich verdient, gibt es realistisch die Option, dass ein sogenannter Verfahrenskostenvorschuss gegenüber dem besser verdienenden Ehepartner geltend gemacht werden kann. Mittlerweile liegen, abhängig vom jeweiligen Gerichtsbezirk, auch anderslautende Entscheidungen vor, die einen Verfahrenskostenvorschuss bei Quotenunterhalt für gerechtfertigt halten. Das ist aber der Ausnahmefall.

Irrtum: »Die Kosten trägt immer derjenige, der das Verfahren verliert.«

Auch diese Aussage ist differenziert zu betrachten.

Die Kosten eines Scheidungsverfahrens werden, von absoluten Ausnahmefällen abgesehen, immer von beiden Ehepartnern zu tragen sein. Es gilt die Kostenaufhebung (Gerichtskosten hälftig und Anwaltskosten jeder selbst). Das Gleiche gilt für sogenannte Folgesachen, deren Regelung man im Zusammenhang mit der Ehescheidung wünscht. Was Folgesachen sein können, ist gesetzlich festgelegt. Betroffen sind nur Themen, die für die Zeit nach der rechtskräftigen Scheidung geregelt werden. Beim Trennungsunterhalt, der bis zur rechtskräftigen Scheidung zu zahlen ist, scheidet dies insofern schon aus.

Bei Trennungsunterhaltsverfahren und anderen vermögensrechtlichen Verfahren, die keine Folgesachen sind, kommt es nach der gesetzlichen Kostenverteilung darauf an, wer das Verfahren gewonnen und wer es verloren hat. Wird beispielsweise Trennungsunterhalt in Höhe von 2000 € gefordert und man gewinnt in Höhe von 1000 € den geltend gemachten Anspruch, so sind die Kosten des Verfahrens hälftig aufzuteilen. Gewinnt man die geltend gemachten 2000 € voll, so hat die Gegenseite für die gesamten Kosten aufzukommen (Anwaltskosten, Gerichtskosten und etwaige Sachverständigenkosten).

Anders ist es bei Kindschaftsverfahren. Hier kommt es in der Regel nicht auf Siegen oder Verlieren an. Von absoluten Ausnahmefällen abgesehen werden die Kosten des Verfahrens gegeneinander aufgehoben. Es trägt also jeder die Kosten des von ihm beauftragten Anwaltes und die übrigen Kosten (Gericht, Sachverständige) werden hälftig geteilt.

PS: Ist Kostenaufhebung dasselbe wie hälftige Kostentragung? Nein. Die Gerichtskosten und Kosten von Sachverständigen werden in beiden Fällen durch zwei geteilt. Die Anwaltskosten trägt aber bei Kostenaufhebung jeder selbst und bei hälftiger Kostentragung werden die (gesetzlichen) Anwaltskosten geteilt. Einen Unterschied macht das also insbesondere, wenn eine Seite einen Anwalt hat und die andere nicht.

5. SCHULD WAR GESTERN: WARUM DIE SCHULDFRAGE ZEITVERSCHWENDUNG IST

Wer ist schuld?
Wenn eine Ehe zerbricht, scheint das häufig die wichtigste Frage zu sein. Und das, obwohl die Antwort aus rechtlicher Sicht nur äußerst selten relevant ist. Schließlich wurde das Verschuldensprinzip für Scheidungen schon 1977 durch das Zerrüttungsprinzip ersetzt. Wer die Ehe zum Scheitern gebracht hat, ist vor Gericht in der Regel also herzlich egal (Ausnahmen sind selten, siehe etwa den Ausbruch aus intakter Ehe bei den Scheidungsirrtümern).
Doch auch wenn es juristisch gesehen nicht von Belang ist, wessen Verhalten eine Fortführung der Ehe unmöglich gemacht hat, nimmt diese Frage in Scheidungsmandaten sehr großen Raum ein. Den allermeisten Mandanten ist es ein enormes Bedürfnis, immer wieder davon zu erzählen, was der Ex-Partner ihnen Schlimmes angetan und wie unfair er sie behandelt hat. Und sie finden: Wenn schon nicht rechtlich, so soll der andere doch zumindest moralisch für das Scheitern der Ehe zur Verantwortung gezogen werden.

> Das Gesetz der Liebe wird besser erfüllt, wenn du auf Gerechtigkeit verzichtest, die auf Rache beruht.

Auf menschlicher Ebene ist dieses Bedürfnis absolut verständlich. Das Gefühl, nicht wertschätzend behandelt, angelogen oder gar betrogen worden zu sein, ist enorm schwer zu ertragen.
Doch was tust du dir selbst eigentlich damit an, wenn du dich wieder und wieder um die Schuld und das Fehlverhalten des anderen drehst? Die Schuldfrage bekommt auf diese Weise enormen Einfluss auf das Mandat, weil sie dich dazu drängt, bestimmte Entscheidungen zu

treffen oder nicht zu treffen oder nicht loszulassen, weil die Schuld in deinen Augen noch nicht gesühnt ist. Häufig schadest du mit so einem Verhalten mehr dir selbst als dem anderen, weil du Dinge sagst oder tust, die zwar deine Rachegefühle kurzzeitig befriedigen, dir auf deinem weiteren Lebensweg aber eher schaden als guttun.
Meine Erfahrung ist: Es geht nicht ganz, ohne sich über den anderen aufzuregen, schließlich sind da starke Gefühle, und die wollen sich Raum verschaffen. Aber du tust dir selbst keinen Gefallen, wenn du ewig in dieser Haltung bleibst. Ganz im Gegenteil.

NUR DAS ZÄHLT: WAS MACHST DU IN ZUKUNFT ANDERS?

Wenn du denn unbedingt in den Kategorien von Schuld denken willst (ich würde dazu raten, diese Vokabel ganz zu streichen und durch das Wissen zu ersetzen, dass jeder von euch sich eben so gut verhalten hat, wie es ihm in dem Moment möglich war), dann ist das Einzige, was dir perspektivisch hilft, auf deine eigene Schuld zu gucken. In Wahrheit haben an dem Aus einer Ehe ja so gut wie immer beide Partner ihren Anteil, selbst wenn die Schuld objektiv gesehen unterschiedlich verteilt ist. Doch die einzige Person, die du ändern kannst, du ahnst es, bist du selbst.
Daher schau auf dich. Wo hast du durch dein Verhalten zum Scheitern eurer Ehe beigetragen? Was ist dein Anteil an der Misere? Sei absolut ehrlich zu dir. Wir neigen gern dazu, den eigenen Part kleinzureden und den des anderen aufzubauschen. Versuch, das zu vermeiden. Es geht hier nicht darum, dir ein schlechtes Gewissen zu machen, sondern um Selbsterkenntnis und Entwicklungschancen. Woran lag es, dass du dich so verhalten hast, und was könntest du in Zukunft – vielleicht schon in deiner Trennung – anders machen? Das sind die einzigen Fragen, die dich in deinem Leben und deinen Beziehungen wei-

terbringen. Dich damit aufzuhalten, was für ein schlimmer Mensch der andere ist, hält dich nur in seinem Bann gefangen, sodass du nicht unbeschwert ein neues Leben beginnen kannst.

Auch wenn wir noch so gern wollen, dass der andere sein Fehlverhalten zugibt, dass er sich schämt, dass er erkennt, was für ein schlechter Mensch er ist, und sich am besten auf Knien bei uns entschuldigt – sei mal realistisch: Wie viele Fälle kennst du, wo das passiert? Den anderen zur »Einsicht« zwingen zu wollen, bewirkt in aller Regel nur, dass du noch mehr Energie verschwendest, deine Wut und Ohnmacht noch größer werden und du dich und deine Lebenszufriedenheit noch länger von ihm abhängig machst. Er ist so, wie er ist. Vielleicht sieht er sein Fehlverhalten irgendwann ein und bereut es sogar, vielleicht auch nicht. Das ist allein seine Sache. Er muss sich morgens im Spiegel angucken und damit leben, wie er sich verhalten hat. Und er muss auch damit leben, wenn er sein Verhalten verdrängt oder sich selbst und anderen die Unwahrheit darüber erzählt. Auf all das hast du keinen Einfluss. Byron Katie, von der ja schon in Teil zwei die Rede war, fragt so schön: *Willst du recht haben oder glücklich sein?*

Schau, obwohl der andere vielleicht tatsächlich schuld ist, wie du dein Leben weiter gestalten willst, statt dich in diese Schuldspirale einzufädeln. Schuldzuweisungen haben noch nie jemanden weitergebracht, sondern sorgen dafür, dass man wie in einer Art Treibsand in dem Schuldthema stecken bleibt, immer auf der Suche nach einer Lösung, aber ohne einen Schritt voranzukommen.

»Glückwärts statt rückwärts« – wie wäre es, wenn du das zu deinem neuen Motto machst?

Also mach dich frei davon, ständig in den Rückspiegel zu schauen und Schleifen darum zu drehen, ob und in welchem Umfang wer von euch beiden daran Schuld trägt, dass ihr mit eurer Beziehung gestrandet seid. Schau nach vorn und plane deine Zukunft. Das ist es doch, worum es eigentlich geht, oder?

DIE ROLLE DES ANWALTES IN DER SCHULDFRAGE

Die Rolle des Anwaltes im Scheidungsmandat ist eine sehr interessante. Nach meinem Eindruck ist der Anwalt oft Dompteur verletzter Emotionen und Erwartungen, denn die Menschen, mit denen er zu tun hat, kommen verständlicherweise oft sehr aufgewühlt in die Beratung und pendeln zwischen Gefühlen wie: »Ich vermisse meinen Partner schrecklich« und »Ich hasse ihn abgrundtief«.

Sie haben nicht selten die Hoffnung, dass der Anwalt nicht nur das Chaos in ihrem Kopf und Geldbeutel rasch ordnet, sondern auch ihre Wunden im Herzen heilt. Doch nicht alle diese Vorstellungen lassen sich in einem streitigen Scheidungsverfahren erfüllen. Zwischen dem Wunsch des Mandanten und dem Auftrag, den der Anwalt umsetzen kann, liegen manchmal Welten.

Der Scheidungsanwalt kann im streitigen Verfahren:

- rechtlich beraten und aufklären
- bestehende Ansprüche durchsetzen und eine Risikobewertung vornehmen
- zuhören und verstehen
- während des Streits mit der Gegenseite in Kontakt und Beziehung bleiben
- oder – unschön, aber wahr – auch als Mietmaul tätig sein (wenn ihr solch einen findet).

Der Scheidungsanwalt kann im streitigen Verfahren nicht:

- Wiedergutmachung leisten
- bewirken, dass die Bedürfnisse des Mandanten vom Gegner gesehen werden

- Reue und Einsicht bei der Gegenseite hervorrufen
- zur Heilung des Mandanten oder gar des Gegners beitragen.

Die Chancen, dass die Scheidungsvertretung sämtliche Schmerzpunkte und Verletzungen durch Schriftsätze und ein Gerichtsverfahren wegzaubert, sind also relativ gering.
Egal, ob dir dein Anteil am Scheitern der Beziehung zu schaffen macht oder du Groll gegen deinen Partner hegst und ihm die Schuld für eure Trennung gibst, bist du also gefragt, mithilfe deiner eigenen Ressourcen Abhilfe zu schaffen.
Was sich dafür anbietet, ist ein traditionelles hawaiianisches Vergebungsritual namens Ho'oponopono, das frei übersetzt etwa »in Ordnung bringen« heißt. Im Kern geht es bei diesem Ritual darum, die Verantwortung für alles, was einem im Leben widerfährt, zu übernehmen und durch Liebe und Vergebung zu transformieren. Es könnte (d)ein Schlüssel zur Heilung von Schuld, hin zur Aussöhnung und Vergebung sein.
Ho'oponopono basiert auf vier einfachen, aber kraftvollen Sätzen, die regelmäßig wiederholt werden. Diese Sätze helfen dabei, Schuld, Wut, Ängste und negative Gedanken zu lösen.
Probiere es doch einfach mal aus und schau, ob du dich damit zumindest ein Stück weit aus dem Kreisen um die Schuldfrage lösen kannst.

Vergebung durch Ho'oponopono

Such dir einen Ort, an dem du ungestört bist. Nimm ein paar tiefe Atemzüge, um dich zu entspannen und deinen Geist zu beruhigen.
Und nun stell dir die Situation oder die Person vor, mit der du in Konflikt stehst. Versuche, die Gefühle, die damit verbunden sind, zu spüren. Nimm dir Zeit, schließe die Augen und dann fang an, die vier Sätze von Ho'oponopono innerlich oder laut auszusprechen:

1. Es tut mir leid.

Dieser Satz bedeutet, dass du die Verantwortung für alles übernimmst, was du in deinem Leben erschaffen hast – sei es bewusst oder unbewusst. Geh in deinen Schmerz und deine Wut und übernimm die Verantwortung dafür. Bleib nicht länger im Widerstand, sondern erkenne, wodurch du dir selbst in der Beziehung Leid zugefügt hast. Verurteile dich nicht dafür, sondern sei wohlwollend mit dir und bring dir selbst Mitgefühl entgegen.

2. Bitte verzeih mir.

Mit diesem Satz bittest du insbesondere dich selbst um Verzeihung, denn du hast deine Bedürfnisse nicht wahrgenommen und deine Grenzen nicht gewahrt.
Es gibt keine Schuldzuweisungen in der hawaiianischen Kultur. Fortgeschrittene können diesen Satz daher zusätzlich auch in Richtung des Gegenübers aussprechen. Er ist eine Bitte an das Universum, die Situation zu reinigen und zu heilen.

3. Ich liebe dich.

Dieser dritte Satz ist auch primär an dich gerichtet. Er beinhaltet aber ebenfalls die Vorstellung, das Problem zu lieben, da es dir die Gelegenheit zum Wachstum gibt. Ihn auch in Bezug auf den Menschen zu sagen, der dir wehgetan hat, ist wohl das Schwerste überhaupt. Wenn du es tust, dann vielleicht mit dem Bestreben anzuerkennen, dass jeder in der Beziehung sein Bestes gegeben hat – so gut er eben konnte.

4. Danke.

Zum Schluss bedankst du dich dafür, dass die Kraft der Vergebung dir helfen wird, dich vom Groll zu befreien, damit du heilen kannst. Es ist ein Dank für alles, was du bereits hast, und für den Heilungsprozess, der gerade stattfindet.

Verstehst du, was das Ritual dir sagen will? Vergebung ist ein Geschenk, das du dir nur selbst machen kannst.

Das Ho'oponopono-Ritual ist ein sehr kraftvolles Werkzeug, um Frieden und Harmonie in deinem Leben zu erschaffen. Es lädt uns dazu ein, die Verantwortung für unsere Erfahrungen zu übernehmen, und vertraut darauf, dass durch Vergebung und Liebe alles geheilt werden kann. Die Praxis kann in verschiedenen Lebensbereichen angewendet werden und hilft dabei, emotionale Blockaden zu lösen und tiefe innere Transformation zu ermöglichen.

Kennst du das Wort Auswahlverschulden?

Zum Schluss dieses Kapitels noch eine Anekdote zu dem Begriff *Auswahlverschulden*. Sie hat mich zum Schmunzeln gebracht, ist gleichzeitig aber so was von wahr, dass man nicht daran vorbeikommt.
Das Wort Auswahlverschulden kennen wir Juristen aus dem Schuldrecht. Man spricht davon, wenn ein Schuldner zwar nicht selbst den Schaden verursacht hat, aber fahrlässig eine untaugliche Person, also beispielsweise einen Gehilfen, ausgewählt hat, dessen Verhalten dann zu einem Schaden führte.
Ziemlich erstaunt war ich, als ein Familienrichter sich in einem hochstrittigen und komplexen Scheidungsverfahren nach stundenlanger Verhandlung an beide Eheleute wandte und sinngemäß sagte: »Wissen Sie, Sie haben sich beide aber auch irgendwann einmal ausgesucht. Ein Stück weit ist es daher auch Auswahlverschulden.«
Echt jetzt? Hatte er das wirklich gesagt? Mein Mandant haftete in den Augen des Richters für seine Frau und umgekehrt? Erst fand ich das ein bisschen unverschämt. Aber je länger ich die Aussage auf mich wirken ließ, desto klarer wurde mir: Er hat recht. In den

allermeisten Fällen hatte der Partner seine Fehler und Schwächen schon von Anfang an. Er oder sie war schon immer so, nur eben, solange noch alles gut war, durch den eigenen Blick rosa eingefärbt. Sicher lässt sich eine Trennung nicht allein durch die Auswahl eines ungeeigneten Partners erklären, aber man kann auch nicht behaupten, dass sie gar nichts damit zu tun hätte.

Lass den Gedanken mal mit einem Augenzwinkern auf dich wirken. Nur weil du dir deinen Partner irgendwann einmal ausgesucht hast, heißt das aber weder auf ethischer noch auf moralischer oder gesetzlicher Ebene, dass du deine Bedürfnisse von diesem Zeitpunkt an hintanstellen und dich in dein Schicksal fügen sollst.

In den Beratungen berichten mir Mandanten oft von Umständen, die für sie irgendwann nicht mehr hinnehmbar waren, und dann ist es natürlich auch gut, wenn diese Umstände – so sie sich nicht ändern lassen – zur Trennung führen.

Wenn Mandanten sich in eine Sache verbeißen und nicht von der Stelle kommen, dann frage ich gern, ob der Partner schon immer so war. Zunächst wird das häufig verneint und es heißt, der Partner habe sich verändert und sei zu Beginn der Ehe noch ganz anders gewesen. Wenn ich jedoch nachfrage, ob sich der Störfaktor früher vielleicht in Bezug auf andere Personen gezeigt habe, so wird dies sehr oft bejaht.

Sehr wahrscheinlich hatte dein Partner seine Fehler schon immer – du wolltest sie nur nicht sehen, solange du davon nicht betroffen warst.

Hat sich der Partner anderen Menschen gegenüber schon immer schroff gezeigt, nur meinen Mandanten oder meine Mandantin auf Händen getragen, passiert es nicht selten, dass diese ruppige Art irgendwann auch in der Beziehung zum Vorschein kommt.

Es ist also durchaus ein guter Indikator, auf das Verhalten des Partners gegenüber Dritten zu achten. Wenn die rosa Wölkchen erst verflogen sind, werden sich dieses Benehmen auch dir gegenüber einstellen. Zumindest kann ich dies aus meiner Erfahrung so berichten.

DAS DRAMA-DREIECK UND SEINE ROLLEN

Wenn Paare sich trennen, können sie, gemeinsam mit ihren Kindern, unbewusst ein sogenanntes Drama-Dreieck bilden.
Das Bild des Drama-Dreiecks stammt von Stephen Karpman, einem amerikanischen Psychologen, der dieses Modell Ende der 1960er-Jahre im Rahmen der Transaktionsanalyse entwickelte. Es beschreibt die grundsätzliche Dynamik von Konflikten, bei denen Menschen in drei typischen Rollen agieren: *Täter*, *Opfer* und *Retter*. Durch diese Rollen werden die Konflikte häufig verstärkt und die Belastung für alle Beteiligten erhöht sich. Die Verhaltensmuster der einzelnen Rollen sehen aus wie folgt:
Täter: Greift an, beschuldigt oder verhält sich feindselig.
Opfer: Fühlt sich hilflos, ausgeliefert oder unfair behandelt.
Retter: Greift ein, um zu helfen, was die Dynamik aber oft verstärkt.
Die von den Beteiligten jeweils eingenommenen Rollen können dabei im Laufe der Trennung schwanken und wechseln.

Rollenübernahme des Kindes

In Trennungssituationen werden Kinder oft in die Konflikte der Eltern hineingezogen, bewusst oder unbewusst. Sie übernehmen dann eine der drei Rollen, manchmal im Wechsel, abhängig von der Dynamik zwischen den Eltern. Hier ein paar Beispiele:
Ein Kind wird zum Opfer, wenn es sich von einem Elternteil alleingelassen fühlt oder glaubt, es sei für die Trennung verantwortlich.

Das Kind fühlt sich häufig zerrissen zwischen den Eltern. Ein Elternteil sagt vielleicht: »Siehst du, dein Vater hat uns verlassen.« Und das Kind empfindet Hilflosigkeit. Der andere Elternteil versucht möglicherweise, das Kind zu retten, indem er überkompensiert (»Du hast nur mich, ich werde immer für dich da sein«), was das Kind ebenfalls emotional belastet.

Das gleiche Kind kann in einer anderen Situation zum Retter werden, indem es versucht, einen Elternteil emotional zu unterstützen (»Mama, ich bin immer für dich da, du brauchst Papa nicht«).

Oder ein Elternteil stellt sich als Opfer dar: »Deine Mutter will mich ruinieren.« Dann übernimmt das Kind die Retterrolle, tröstet diesen Elternteil und fängt mitunter an, den anderen als »Täter« zu sehen.

Es kann auch selbst die Rolle des Täters einnehmen. Wenn ein Elternteil das Kind manipuliert, könnte das Kind beispielsweise die Wut übernehmen und den anderen Elternteil beschuldigen: »Du hast unsere Familie kaputt gemacht!« Der beschuldigte Elternteil könnte dann die Opferrolle einnehmen oder versuchen, das Kind zu retten. Und schon hängt die Familie mitten im Dreieck.

> Lasst euer Kind nicht zum unbewussten Mitspieler in eurer Trennung werden.

Ich muss wohl nicht betonen, dass die Konstellation eines Drama-Dreiecks Kinder in eine sehr schädliche Position bringt. Ihr solltet sie daher, ich habe es schon mehrfach gesagt, unbedingt aus euren Konflikten heraushalten, damit sie in keine der genannten Rollen gedrängt werden. Ihr seid die Eltern und das Kind ist das Kind. Punkt. Eine klare Positionierung schafft Stabilität.

Wenn du merkst, dass du hier in eine Drama-Schleife gerätst, dann steig aus, hol dir gegebenenfalls Hilfe von außen, aber signalisiere deinem Kind um jeden Preis, dass es geliebt wird und nicht verantwortlich ist. Und zwar weder für die Trennung selbst noch für Dynamiken, die sich daraus entwickeln.

Das 1×1 einer gelungenen Trennung

1. Loslassen als Prozess sehen

Trennungen fallen häufig schwer. Oft braucht es einige Runden, bis man so weit ist, die Trennung wirklich zu vollziehen. Allein das zu akzeptieren, bringt dich schon einen Schritt weiter.

2. Muster durchbrechen

In jeder Beziehung prägen sich bestimmte negative Verhaltensmuster zwischen den Partnern aus. Manche davon können einen in der Scheidung immer wieder triggern.

Vielleicht versucht der Partner auch nach der Trennung, dieses Karussell noch ein Weilchen am Leben zu halten. Mach dir das bewusst und steig nicht ein. Versuche, dich immer seltener provozieren zu lassen.

3. Nicht ablenken lassen

Lass dich auf keine Nebenkriegsschauplätze ein und mach auch selbst keine auf. Bleib bei dir und fokussiere dich. Um was geht es? Was dient einer Lösung und was nicht?

4. Den Blick auf dich selbst richten

Frag nicht, warum sich der andere so verhält, wie er sich verhält. Du findest keine Antwort. Schau auf dich. Was dein Ex-Partner tut oder lässt, muss die gleiche Relevanz haben, wie wenn in China ein Sack Reis umfällt.

5. Nach vorn und nicht zurückschauen

Hör auf zu fragen, wie alles so kommen konnte. Schau nach vorn und schaff dir Perspektiven.

Auf welche Stärken kannst du dich besinnen? Wie kannst du dein Leben neu gestalten?

TEIL 4

DEIN NEUSTART INS LEBEN

Wie du dich bewusst ausrichtest und deinen eigenen Weg gehst

Wie fühlst du dich? Kannst du die Chance erkennen, die in diesem Moment liegt?
Etwas, das nicht mehr funktionierte, ist zu Ende gegangen. Auch wenn sich das womöglich sehr schmerzhaft anfühlt, ist es doch der erste Schritt in ein neues, potenziell glücklicheres Leben.
Die Rolle als unzufriedene Ehefrau oder unglücklicher Ehemann hast du hinter dir gelassen – nun hast du die Möglichkeit, dich noch einmal neu zu erfinden. Du bist frei, zu entdecken, welche Wünsche, Träume und Sehnsüchte in dir schlummern, wer du bist und sein willst und was du im Grunde deines Herzens anfangen möchtest mit deinem Leben.
In diesen Momenten des Umbruchs liegt die Chance auf persönliches Wachstum und einen Neuanfang. Und damit auf Erfüllung.
Keine Frage, nicht alles ist jetzt eitel Sonnenschein. In der Zeit nach der Scheidung warten höchstwahrscheinlich einige emotionale und auch praktische Herausforderungen auf dich. Wut, Trauer, Enttäuschung, Sehnsucht – du wirst dich verschiedenen Emotionen zu stellen haben und dich zwischenzeitlich bestimmt überfordert, ratlos oder einsam fühlen.
In diesem letzten Teil des Buches werde ich versuchen, dich so gut wie möglich darauf vorzubereiten, welche Stolpersteine dir begegnen können, und dir Hilfestellungen geben, um sie zu überwinden.
Daneben aber möchte ich den Blick mit dir auf das Positive, das Neue

und das Vielversprechende lenken. Auf die Freiheit, die Freude und das Glück, die nun auf dich warten.
Wie kannst du in einen Zustand der Offenheit und Inspiration kommen, um dein Leben und seine Rhythmen noch einmal neu zu entdecken? Auch darum soll es hier gehen. Lass diesen denkwürdigen Augenblick nicht verstreichen, ohne innezuhalten und dich auf dich selbst zu besinnen. Da ist wieder Platz für dich. Für das, was *du* brauchst und willst. Neben allem anderen ist das auch ein Grund zur Freude.
Es geht nicht nur darum, das Alte zu verabschieden, sondern auch darum, das Neue hereinzulassen. Welche Wünsche und Träume konntest du in deinem Eheleben nicht verwirklichen? Nun ist die Zeit dafür!
Schenke dir selbst, dass du dich auf all deine Chancen und Möglichkeiten besinnst. Geh mit geschärften Sinnen durch die Welt, schau, was dich anspricht, wo du hellhörig wirst, was dich fasziniert, welche Ideen und Pläne in dir entstehen. Menschen, Orte, Länder, Hobbys, Natur, Freunde, Musik, Bewegung, Lachen, Bücher, Essen, Tiere, Zeit für dich allein – was auch immer.

Lass die Welt herein und begrüße dein neues Leben!

PS: Trotz aller Emotionen und aller Traurigkeit habe ich am Tag nach dem Auszug meines Ex-Mannes und Vaters meines Kindes laute Musik angemacht und bin durch die Wohnung getanzt. Ich habe mich auf alles gefreut, was wohl kommt.
Ob ich vor mehr als zehn Jahren auch so getanzt hätte, wenn ich gewusst hätte, welche emotionalen Herausforderungen nach dem Sprung aus der sicheren Eheseifenblase auf mich warteten? Ich kann dir versichern, das wäre ein weiteres Buch wert. Aber dennoch, ich hätte auch mit diesem Wissen getanzt. Weil all das zum Leben dazugehört und dazu führt, dass du dich entwickelst und wächst und irgendwann in deiner Mitte ankommst.

1. »ICH PACKE MEINEN TRENNUNGSKOFFER« – WAS NIMMST DU MIT, WAS LÄSST DU ZURÜCK?

»Ich packe meinen Koffer und ich nehme … mit.« Kennst du dieses Spiel noch?

Irgendwie ist eine Trennung doch auch ein bisschen so, als würde man Koffer oder Kartons für eine Reise packen – einen Umzug in ein neues Lebenskapitel. Tust du das unreflektiert und wirfst alle Gefühle und Erfahrungen, die dir durch Kopf und Herz geistern, einfach in eine große Kiste, so wird sich dieses neue Kapitel vermutlich ziemlich ähnlich lesen wie das letzte. Das wird dir selbst keinen Spaß machen und deinen neuen Partner, falls es einen gibt, wird es auch nicht erfreuen, wenn du diese Kiste in eurem Leben auspackst.

Deshalb rate ich dir: Solltest du gerade in der Situation sein, dich von deiner alten Beziehung zu verabschieden, überlege dir genau, welche Gewohnheiten, Gefühlslagen, Überzeugungen und Verhaltensweisen du in dein neues Leben mitnehmen möchtest und welches Gepäck du lieber zurücklässt.

Stromer mal durch Kopf, Herz und Bauch und überlege, auf welche emotionalen Habseligkeiten du ein grünes und auf welche du ein rotes imaginäres Post-it kleben würdest.

Von einigem musst du dich trennen,
um Platz für das Wesentliche zu schaffen.

Mitnehmen wollen könntest du zum Beispiel schöne Erinnerungen, glückliche Momente, Erfahrungen, Erkenntnisse, Lerngeschenke, Stolz und Erleichterung. Zurücklassen willst du hingegen vielleicht Ohnmacht, Wut, Hilflosigkeit, Zweifel, Enttäuschung, Bitterkeit, Schuld, Scham oder Trauer.

Klingt gut? Doch wie gelingt das mit dem Zurücklassen? Natürlich ist es leichter gesagt als getan und nicht selten wirst du das Gefühl haben, die ungeliebten Emotionen und Erinnerungen per Nachsendeauftrag hinterhergeschickt zu bekommen. Daher sollte das Packen – um im Bild zu bleiben – ein Prozess sein, dem du viel Aufmerksamkeit schenkst. Sammle also nicht wahllos ein, was um dich herumliegt, und stopfe es in die nächstbeste Kiste, sondern sieh dir genau an, welches »Teil« aus deiner alten Beziehung du da vor dir hast. Frage dich: Willst du diese Verhaltensweise, dieses Muster, diesen Gedanken, diese Erinnerung oder Emotion behalten oder dich davon befreien? Das ist der erste Schritt.

BEWUSSTE AUSLESE

Es gibt ein kleines Ritual, dass dir helfen kann, die nötige Bewusstheit für diese Auslese zu entwickeln. Schau, ob es für dich passt. Rituale brauchen keine Räucherstäbchen, keine Zaubersprüche und keinen Hokuspokus, damit sie funktionieren. Sie sind schlicht ein Werkzeug, um deine Aufmerksamkeit gezielt zu fokussieren, sodass du mit klarem, wachem Geist bei der Sache bist. Alles, was du brauchst, sind ein Stift, kleine Zettel und etwas Zeit, in der du ungestört bist.

Loslassritual

Setz dich bequem hin, schließ die Augen und konzentriere dich ein paar Atemzüge lang ausschließlich auf deine Ein- und deine Ausatmung.
Und nun lass deine vergangene Beziehung vor deinem inneren Auge aufsteigen und mit ihr all das Gute, was sie dir beschert hat, alle Gefühle, Gedanken und Erinnerungen, die du bewahren möchtest. Schreibe sie einzeln auf die Zettel und leg sie in eine

Schachtel. Die Schachtel darf mit auf die Reise in dein neues Leben.
Nun halte einen Moment inne, lass alle positiven Erinnerungen an die Beziehung los und konzentriere dich für ein paar Atemzüge wieder nur auf das Ein- und Ausströmen deines Atems. Ruf dir dann die Beziehung noch einmal vor dein inneres Auge, aber diesmal richte deine Aufmerksamkeit auf die Situationen, Gefühle und Geschehnisse, die dir nicht gutgetan haben, die dir Kummer bereitet oder dich wütend gemacht haben und dich vielleicht noch immer plagen. Visualisiere sie oder, besser noch, sprich sie laut aus. Und dann schreibe sie nieder. Jede auf einen eigenen Zettel. Wenn du fertig bist und es dir möglich ist, kannst du die Zettel nun nacheinander über einer Kerze verbrennen (am besten natürlich im Freien). Lies vorher jeden Zettel noch einmal durch und lass ihn auf dich wirken. Und dann schau zu, wie sich dein Gefühl wandelt, wenn du ihn dem Feuer übergibst. Falls du nicht die Möglichkeit hast, das Papier zu verbrennen, oder das Feuer scheust, dann zerknülle die Zettel nacheinander oder zerreiße sie – einen nach dem anderen.
Nun schließ wieder die Augen und spür bewusst in dich hinein. Was für Gefühle kannst du nun in dir wahrnehmen? Ist da vielleicht etwas mehr Leichtigkeit? Spürst du Klarheit oder neue Energie? Nimm dir Zeit, um das Ritual auf deine Weise bewusst abzuschließen.

DER LETZTE SCHRITT IN DIE FREIHEIT: WIE DU NEGATIVE GEFÜHLE ENDGÜLTIG GEHEN LÄSST

So ein Ritual kann hilfreich sein, um einen klareren Blick auf eine Situation oder bestimmte Umstände zu werfen und vor diesem Hintergrund dann bewusst Entscheidungen zu treffen. Gut möglich, dass

du dadurch dankbarer für bestimmte Aspekte deiner vergangenen Beziehung wirst, genauso aber auch unschöne Erinnerungen oder Emotionen leichter verabschiedest. Diese Quälgeister haben danach oft weniger Macht über dich oder du kannst sie sogar ganz loslassen.
Manches sitzt aller Wahrscheinlichkeit nach aber noch immer fest und belastet dich. Lass dir davon keine Angst machen. Ich habe hier einige Inspirationen für dich zusammengestellt, wie du belastende Emotionen gehen lassen kannst.

> Manche Emotionen sind wie Bleischuhe. Sie ziehen dich so weit runter, dass du zu ertrinken drohst.

Ich bin, wie du vielleicht weißt, auf LinkedIn und Instagram aktiv. In einem Artikel habe ich gefragt, welche Gefühle aus Sicht der Follower nicht unbearbeitet in den Trennungskoffer gepackt werden sollten, also was nicht in den neuen Lebensabschnitt gehört. Ich lasse dich gern an den Antworten und an meinem Gedanken dazu teilhaben als Idee, wie du dich hier jeweils im Verarbeiten und Loslassen üben kannst.

Ohnmacht und Hilflosigkeit

Egal, ob du der Verlassene bist oder derjenige, der die Beziehung aufgekündigt hat – oft machen sich in Trennungsphasen Gefühle von Ohnmacht und Hilflosigkeit in einem breit.
Die Frage ist, wie du dafür sorgst, dass sich diese Gefühle nicht unverarbeitet in deinen Trennungskoffer schleichen, um dich in deinem neuen Lebensabschnitt abermals zu belasten und zu lähmen.
Mach dir zunächst einmal bewusst, dass Ohnmacht und Hilflosigkeit völlig normale Gefühle in einer Trennung sind, genauso wie Wut, Trauer oder Enttäuschung. Und auch wenn sie noch so unangenehm sind – sie werden wieder vergehen, vor allem wenn du ein paar Dinge beachtest.

Es kann nämlich gut sein, dass du dich deshalb so ausgeliefert fühlst, weil du deine Emotionen weiterhin von dem Verhalten deines Ex-Partners abhängig machst. Vielleicht willst du noch immer, dass er sich auf eine bestimmte Weise verhält, und fühlst dich schlecht, wenn er es einfach nicht tut.
Erinnere dich daran, was wir schon an anderer Stelle in diesem Buch besprochen haben: Auf die Gedanken, die Entscheidungen und das Verhalten eines anderen Menschen hast du keinen Einfluss. Und wenn du dich auf den Kopf stellst. Spar es dir daher, deinen Ex-Partner ändern zu wollen, das ist reine Energieverschwendung. Er kann tun und lassen, was er will, und das wird er auch. Das Einzige, was du verändern kannst, ist deine Einstellung ihm und seinem Verhalten gegenüber. Du kannst akzeptieren, dass er so ist, wie er ist, ohne es gutheißen zu müssen, und dich dann auf dich selbst und deinen Einflussbereich konzentrieren. Auf dein Leben.

Dein Leben beginnt, wenn du selbst
das Steuer in die Hand nimmst.

Möglicherweise sitzt du noch immer auf dem Beifahrersitz deiner vergangenen Beziehung, während dein Ex schon längst die Fahrt beendet hat und aus dem Auto ausgestiegen ist.
Übernimm Verantwortung für dich und deinen Weg. Setz dich selbst auf den Fahrersitz und such dir neue, eigene Ziele.
Ich wette, wenn du es schaffst, dieses Bild zu verinnerlichen, werden sich Gefühle wie Hilflosigkeit oder Ohnmacht wandeln und dürfen als Erkenntnisse und Lerngeschenke mit in den Koffer für deinen neuen Lebensabschnitt.
Solltest du den Eindruck haben, dass dir solche lähmenden Gefühle häufig in deinem Leben begegnen, lohnt es sich, gegebenenfalls mit professioneller Hilfe, mal genauer hinzuschauen. In welchen Situa-

tionen hast du dich auch schon so schwach gefühlt? Was haben diese Situationen gemeinsam? Was kannst du für Muster erkennen und wo ist dein eigener Anteil daran?
Vielleicht braucht es etwas Zeit, aber du kannst lernen, die Ohnmacht abzuschütteln und mit einem Gefühl der Selbstwirksamkeit durchs Leben zu gehen.

Üble Nachrede

In ersten Moment mag es sich gut anfühlen, aber auch der Versuch, den Ex-Partner vor anderen schlechtzumachen, hat in deinem Koffer für den neuen Lebensabschnitt nichts zu suchen.
Ich kann gut verstehen, dass es dir in den Fingern juckt, andere an deinen unerfreulichen Erkenntnissen über den Verflossenen teilhaben zu lassen. Gerade wenn du ihn zuvor lange Zeit auf einen Thron gehoben hattest und jetzt schmerzhaft erkennen musst, dass er nicht nur ein Mensch aus Fleisch und Blut ist, sondern auch noch äußerst unerfreuliche Eigenschaften und richtig fiese Schwächen hat, willst du das die Welt gern wissen lassen. Vielleicht hast du sogar den Eindruck, du hättest erst jetzt sein wahres Ich gesehen und erkannt, wie durch und durch verdorben diese Person ist.
Es ist nur menschlich, solche »Einsichten« mit anderen teilen zu wollen. Denk nicht, ich würde das nicht verstehen. Und natürlich tut es erst einmal gut, deinem Umfeld vermeintliche Beweise dafür zu liefern, wie schlimm dein Ex-Partner doch ist (und was für Scheußlichkeiten du ertragen musstest). Aber was sagst du zeitgleich mit der Verunglimpfung deines Ex über dich selbst aus?

- Dass du dich ungerecht behandelt fühlst und unheimlich verletzt bist?
- Dass du nicht weißt, wohin mit deinen Gefühlen und Emotionen?
- Dass du dir wünschst, der andere würde verstehen und sehen, was er verloren hat?
- Dass du dich über dich selbst ärgerst, dich so getäuscht zu haben?

- Dass du traurig bist, dass das Bild des Partners getrübt wurde?
- Dass du dir wünschst, die Illusion der Beziehung hätte gehalten?
- Dass du dich drehst wie ein Fähnchen im Wind von Anbetung zu Abwertung?
- Dass du dich benimmst wie ein Kind, dem die Schaufel weggenommen wurde?
- Dass es dir womöglich an menschlicher Größe fehlt?

Wer über den Ex-Partner hinter dessen Rücken oder offen schlecht spricht, sagt am Ende mehr über sich selbst aus als über den anderen. Wahrscheinlich sogar mehr, als er eigentlich preisgeben will. Deshalb beiß dir auf die Zunge, so schwer es fallen mag. Such dir ein, zwei vertrauenswürdige Menschen, bei denen du deinem Ärger Luft machen kannst, und halt dich ansonsten mit negativen Äußerungen über deinen Ex zurück.

Verbitterung

Wahrscheinlich wundert es dich nicht, wenn ich sage: Verbitterung nach einer gescheiterten Beziehung wird dein neues Leben nicht versüßen. Im Gegenteil.

Was kannst du also tun, damit dieses Gefühl nicht heimlich in deinen Trennungskoffer reinkrabbelt?

Wenn du in deiner vergangenen Beziehung sehr enttäuscht worden bist, dich herabgewürdigt gefühlt hast oder dein Vertrauen missbraucht wurde, dann ist es nicht unwahrscheinlich, dass hierdurch ein Gefühl der Bitterkeit in dir entstanden ist. Du fühlst dich um etwas betrogen, was dir einst versprochen wurde – sei es Liebe, Treue, Verbindung, Unterstützung oder Ähnliches.

Verbitterte Menschen durchleben die Situation, die zur Verletzung führte, oft immer und immer wieder, sogar in ihren Träumen. Und der Groll wächst genauso wie die Furchen auf ihrer Stirn.

Stopp!

Unabhängig von dem, was du vielleicht an Kränkendem oder Verletzendem erfahren hast – wie bei dem Gefühl der Ohnmacht kommt es letztlich auf deine eigene Haltung zu den Dingen an. Sie kann dich von deiner Verbitterung befreien. Mach dir bewusst: Du kannst andere Menschen nicht ändern und du kannst nicht ungeschehen machen, was passiert ist. Was du aber tun kannst, ist, nach vorn zu blicken und deine Zukunft positiv zu gestalten. Deshalb:

- Distanziere dich von dem Geschehenen, soweit es nicht in deiner Hand lag.
- Sieh, wo du Anteile an dem hattest, was deine Verbitterung ausgelöst hat.
- Vergib dir – und wenn möglich auch dem anderen – und hör auf, unendliche Runden um die Enttäuschung zu drehen, die du empfindest.
- Und hör ebenso auf, immer wieder an der emotionalen Wunde zu kratzen, sonst heilt sie nicht.
- Mach dir stattdessen deine Erkenntnisse für künftige Beziehungen zunutze und pass auf, dass du in Zukunft nicht wieder in ähnliche Situationen gerätst.
- Richte dich auf, blick nach vorn und konzentriere dich auf dein neues Leben.

Selbstzweifel

Bin ich schön genug? Bin ich klug genug? Mache ich etwas falsch? Selbstzweifel zeigen sich als Misstrauen gegenüber der eigenen Person (Selbstwert) oder den eigenen Fähigkeiten (Selbstvertrauen). Auch von ihnen solltest du nach einer Trennung so wenig wie möglich mit in den neuen Lebensabschnitt nehmen. Dazu die wichtigste Botschaft vorab: Deine Beziehung ist nicht daran gescheitert, dass du nicht schön genug, nicht klug genug oder nicht gut genug bist. Solltest du nach einer Trennung solche Gedanken hegen, könnte es daran liegen, dass du während der Beziehung deinen Wert von deinem Partner hast definieren lassen, also seine Komplimente brauchtest, um dich bestätigt und »kostbar« zu fühlen. Oder du durftest am Strahlen und Ansehen deines Partners teilhaben. Und nun, nachdem dieser Beifall oder Glanz weg ist und du deinen Selbstwert wieder ganz allein erkennen und spüren musst, kann es sich so anfühlen, als hätte die Trennung damit zu tun, dass du nicht »genug« bist. Hat sie aber nicht!

Wenn du dich nur durch den anderen siehst,
wirst du nie dein wahres Wesen erblicken.

Deine Aufgabe besteht jetzt darin, dich unabhängig von äußerem Zuspruch wertvoll und richtig zu fühlen. Sonst läufst du Gefahr, dich wahllos in die nächste Beziehung zu stürzen, nur damit deine Schmerzpunkte abermals »weggezaubert« werden. Vergiss nicht: Kein Zuspruch der Welt wird ausreichen, um ein Glas zu füllen, das am Boden ein Loch hat.
In diesem Buch hast du einige Tools an die Hand bekommen, um eine größere Wertschätzung dir selbst gegenüber zu entwickeln. Nutze sie. Es geht immer darum, undienliche Überzeugungen und hinderliche Glaubenssätze zu hinterfragen und Akzeptanz und Selbstvergebung zu üben. Wenn Selbstzweifel ein größeres Thema für dich sind, empfehle ich dir, professionelle Unterstützung zu nutzen, um deiner mentalen Basis ein festeres Fundament zu geben. Für dich und dein eigenes Lebensglück, aber auch, um für eine künftige Beziehung bereit zu sein. Zu Stärke und Selbstliebe transformierte Zweifel kannst du dann als wertvolle Lerngeschenke mitnehmen.

Einsamkeit

Einsamkeit will niemand nach einer Trennung erleben und mitnehmen erst recht nicht. Ob Einsamkeit der Schlüssel zur Seele ist, wie es manchmal heißt, weiß ich nicht. Mir persönlich ist diese Aussage zu pathetisch. Ich möchte eher einige praktische Gedanken zum Thema Einsamkeit nach Trennungen mit dir teilen. Und zwar denke ich, dass es wichtig ist, zwischen *Einsamkeit* und *Alleinsein* zu unterscheiden und sich den Unterschied sehr bewusst zu machen.

Alleinsein ist objektivierbar. Du kannst von außen sehen, ob jemand allein ist oder in Gesellschaft. Ob du einsam bist, sieht hingegen niemand, denn einsam kannst du dich auch fühlen, obwohl du in Gesellschaft oder in einer Beziehung bist.

Nach einer Trennung bist du offensichtlich erst einmal allein. Das ist Fakt. Allerdings ist es ganz und gar nicht unwahrscheinlich, dass du auch vor dem Beziehungsende schon einsam warst – mit deinen Gedanken, Ängsten, Gefühlen und Träumen. Vielleicht hast du durch die Trennung sogar den ersten Schritt heraus aus der Einsamkeit getan. Denk mal darüber nach.

Einsam bist du dann, wenn du in Gesellschaft verloren bist.

Meiner Erfahrung nach ist Einsamkeit das Gefühl, das nach einer Trennung bleibt, wenn alle anderen unguten Gefühle verschwunden sind. Wenn du den Schock des Beziehungsendes überwunden hast, die Trennung nicht mehr leugnest, deine Wut hast abarbeiten können und auch die Gefühlsachterbahn halbwegs im Griff hast, kommst du irgendwann an den Punkt, an dem du anfängst, dich wirklich mit dir selbst zu beschäftigen. Denn niemand anders ist mehr da. Auch nicht in deinem Kopf.

Das genau ist der Moment, in dem du beginnst, zu akzeptieren und loszulassen. Der Moment, in dem du das Tor zur Freiheit durchschreitest. Du bist bei dir oder zumindest auf dem Weg zu dir. Gratuliere dir, wie weit du in der Trennung schon gekommen bist und wie viel Wachstum du schon hast erfahren dürfen.

Die rosarote Brille

Vielleicht kennst du dieses Muster von dir selbst oder aus deinem Freundeskreis: Wenn du Single bist und dir einen Partner wünschst, setzt du, kaum dass ein halbwegs akzeptabler Kandidat in deinem Blickfeld auftaucht, die rosarote Brille auf. Ehe du dich's versiehst, überhöhst du diesen Menschen zum Idealwesen, blendest alle seine negativen Eigenschaften aus und lässt die positiven Seiten jeden Zweifel und jedes Aber überstrahlen.

In so einem Zustand ist es schwer oder unmöglich, die Zeichen zu sehen, die erkennen lassen, dass der oder die Angebetete vielleicht doch nicht so ideal und wundervoll ist, wie du glauben möchtest. Und genau aus diesem Grund solltest du in deinen Trennungskoffer besser die Lupe statt der rosaroten Brille einpacken. Denn wenn du trotz aller Begeisterung noch einen kühlen Kopf bewahrst, wenn der vermeintliche Traumprinz oder die Traumprinzessin auftaucht, kannst du bei der Person gegebenenfalls schon sehr früh sogenannte *Red Flags* erkennen, also Warnzeichen, die auf ein ungesundes oder manipulatives Verhalten hinweisen können. Sie zeigen sich meist schon ziemlich am Anfang, doch um sie wahrzunehmen, musst du sie auch sehen *wollen*. Red Flags sind individuell verschieden, ein paar typische Beispiele gibt es aber doch:

- fehlende Konfliktfähigkeit
- auffälliges Kontrollverhalten
- übermäßiges Misstrauen oder Eifersucht
- selbstzerstörerisches Verhalten
- Mangel an emotionaler Selbstregulierung
- Defizite in der Impulskontrolle
- Fehlen von engen, langjährigen Freundschaften

Mit der Zeit werden diese roten Fahnen meist größer und problematischer. Sie lassen sich immer weniger ignorieren und zerstören ein gutes Miteinander immer tiefgreifender – was dann nicht selten zur Trennung führt.

Jetzt ist ein idealer Zeitpunkt, um innezuhalten und über die Dynamik nachzudenken, durch die du möglicherweise immer wieder an Menschen gerätst, die dir nicht guttun.
Was kannst du tun, um nicht erneut Teil missbräuchlichen Verhaltens zu werden? Ich sage es dir:

1. Erkenne deinen Wert.
2. Wahre deine Grenzen.
3. Achte auf deine Bedürfnisse.

Ich glaube, diese drei Punkte sind die wichtigsten, damit Red Flags künftig wie ein Stoppschild auf dich wirken – und nicht wie das rote Tuch des Toreros in einer Stierkampfarena, auf das du mit Volldampf zurennst, um dich darin zu verheddern.

Wut und Hass

Wut und auch Hass sind Gefühle, die häufig mit einer Trennung einhergehen. Wenn wir sie nicht bearbeiten, sondern uns im Gegenteil immer weiter in sie hineinsteigern, kann es gut sein, dass sie uns innerlich zerfressen, auch wenn der Adressat dieser starken Gefühle längst verschwunden ist.
Was kannst du tun, damit du Hass und Wut nach einer Trennung nicht mit in den neuen Lebensabschnitt nimmst?
Mein Vorschlag wäre folgender:

- Nimm deine Emotionen wahr und sei nicht zu streng mit dir. Es ist okay, dass du diese negativen Gefühle hast.
- Versuche allerdings, die Verletzungsschleife in deinem Kopf nicht immer und immer wieder zu drehen. Gönn dir Ruhe von dem Geschehenen.
- Vergib dir selbst, weil du dich in deinem Partner getäuscht hast oder dir Fehler eingestehen musst.
- Vergib auch deinem Partner. Er konnte im Zweifel nicht besser handeln und ist mit sich selbst und seinem Wesen schon genug gestraft.

- Übernimm Verantwortung für deine Gefühle und werde ganz bewusst wieder Herr deiner Empfindungen. Lass dein Tun und Handeln nicht von deinen negativen Emotionen bestimmen.
- Versuche langsam, von der Kränkung in die Heilung zu gelangen.
- Hol dir professionelle Hilfe, wenn du deine negativen Empfindungen nicht allein bewältigen kannst.

WAS KOMMT MIT?

Jetzt haben wir uns angesehen, was nicht in deinen Trennungskoffer gehört und was du besser zurücklässt. Doch dies ist ja nur die eine Seite der Medaille. Was hat die Beziehung dir Schönes gebracht? Welche Erinnerung willst du unbedingt behalten, welche Erkenntnisse und welche Lerngeschenke packst du ein?

Erinnerungen an schöne Momente

Die Beziehung mag zu Ende sein, aber die Liebe, die du gegeben und empfangen hast, die Freude und die schönen gemeinsamen Erlebnisse gehören zu dir und bleiben Teil deines Lebens.

Wenn du für dich klar hast, was nicht in den Koffer gehört, wird es dir leichter fallen, auch zu sehen, was mitsoll, etwa die Erinnerungen an fröhliche, liebevolle, lustige oder inspirierende Momente. Bewahre sie gut. Denn der Weg, den du mit deinem Partner gegangen bist, gehört zu dir. Er hat dich geprägt. Er hat dich viel gelehrt. Ohne ihn wärest du heute nicht die Person, die du bist.

Versuche, deine Vergangenheit als wertvolles Kapitel deines Lebens zu betrachten, das dich bereichert hat. Erinnerungen an schöne Momente aus einer vergangenen Beziehung mitzunehmen, ist ein wichtiger Schritt, um Frieden mit der Vergangenheit zu schließen und gestärkt in die Zukunft zu gehen. Hier sind einige Ansätze, wie du diese Momente positiv affirmieren kannst:

1. Dankbarkeit

Konzentriere dich darauf, was du in der Beziehung gelernt hast und welche positiven Erlebnisse sie dir beschert hat. Schreib diese Dinge auf, um dir die wertvollen Aspekte bewusst zu machen, ohne den Schmerz zu verdrängen.

2. Fotos oder Erinnerungsstücke

Bewahre einige Dinge wie Fotos oder kleine Erinnerungsstücke an einem Ort auf, wo sie geschützt sind. Vielleicht legst du auch deine Kiste mit den im Ritual beschriebenen Zetteln dazu. Du kannst sie später wieder ansehen, wenn du dazu bereit bist, ohne in der Traurigkeit der Trennung zu versinken.

3. Hoffnung und Perspektive

Nicht zuletzt: Die guten Momente erinnern dich daran, dass du lieben kannst und dass es immer wieder neue Chancen gibt, Liebe zu erfahren. Mach dir das bewusst, gerade in Phasen, in denen du zu kämpfen hast.

Lerngeschenke

Ich wette mit dir, in deiner Beziehung gab es – so wie in jeder anderen Beziehung – sehr viele Lerngeschenke. Ob du sie alle ausgepackt hast? Das weiß ich nicht.

Aber einige bestimmt. Und die kannst du guten Gewissens und zukunftsorientiert in deinen Koffer packen.

Wenn du das Kapitel zu Lerngeschenken aufmerksam gelesen hast, dann weißt du, dass man Lerngeschenke nur so oft überreicht bekommt vom Leben, bis man sie ausgepackt und verstanden hat, was das Leben einem damit sagen will.

Wenn du einige von diesen Lerngeschenken mitnimmst, wirst du dich zukünftig daran erinnern und ganz selbstbestimmt entscheiden, ob du weitere Geschenke dieser Art noch brauchst.

Erfahrungen und Erkenntnisse

Mir ist sehr wohl bewusst, dass deine vergangene Beziehung nicht nur aus schönen Momenten und erfreulichen Erinnerungen besteht. Ansonsten hättet ihr euch ja schließlich nicht getrennt. Aber selbst aus den Teilen der Beziehung, die nicht gut oder sogar mächtig schiefgelaufen sind, kannst du etwas Positives in deinen neuen Lebensabschnitt und gegebenenfalls in deine neue Beziehung mitnehmen. Nämlich Erfahrungen und Erkenntnisse. Und zwar in den allermeisten Fällen nicht wenige.

Erfahrungen und Erkenntnisse aus einer vergangenen Beziehung einzupacken, ist ein wichtiger Schritt, um dein persönliches Wachstum zu fördern, damit du deine zukünftige Beziehung gesünder und erfüllender gestalten kannst. Hierfür ist es vonnöten, deine Beziehung zu reflektieren: Was hat gut funktioniert? Welche Aspekte der Beziehung möchtest du in einer zukünftigen Beziehung wiederfinden? Pack die Antworten direkt in deinen Koffer.

Ein Leben ist wie ein Koffer.
Man sollte nur das einpacken und mitnehmen,
was einem wichtig ist.

Und jetzt umgekehrt: Welche Konflikte oder Probleme traten häufig auf? Gab es wiederkehrende Muster? Dann versuch, deinen Anteil daran zu verstehen. Welche Verhaltensweisen oder Entscheidungen von dir haben die Beziehung negativ beeinflusst? Was kannst du tun, um das in einer nächsten Beziehung (oder auch in Beziehungen zu Freundinnen und Freunden) besser zu gestalten? Die Antwort darauf gehört ebenfalls in den Koffer.

Hast du zu wenig Grenzen gesetzt? Was kannst du tun, um künftig deutlicher »Stopp« zu sagen? Ließ die Kommunikation bei euch zu wünschen übrig? Dann finde Lösungen, um für ausreichend Raum und Zeit zu sorgen, damit du zukünftig respektvoll und interessiert mit deinem Partner reden kannst. Und zwar *wirklich* reden. Hast du Warnsignale ignoriert, die für alle anderen um dich herum gut sichtbar waren? Dann nimm dir vor, erste Anzeichen von Unwohlsein in Zukunft ernst zu nehmen.

Stolz und Selbstwert

Nach einer gescheiterten Beziehung können dein Selbstwertgefühl und dein Stolz stark beeinträchtigt sein, wir haben schon darüber gesprochen. Es ist jedoch möglich, beides wieder aufzubauen. Hier sind einige Ansätze:

Leg den Fokus auf deine Stärken

Kehre zu deiner Stärkenanalyse aus Teil 2 zurück. Erinnerst du dich daran, was deine besonderen Fähigkeiten und Kenntnisse sind? Mach sie dir noch einmal bewusst.

Pflege und verwöhne dich selbst

Investiere in Selbstfürsorge, zum Beispiel durch Sport, gesunde Ernährung, Wellness, Massage und so weiter.
Kümmere dich um dein äußeres Erscheinungsbild, nicht für andere, sondern für dein eigenes Wohlgefühl.

Such dir Unterstützung

Gerade wenn du aus einer Beziehung kommst, in der du kleingehalten wurdest, fällt es dir vielleicht schwer, ein gesundes Selbstwertgefühl in den neuen Lebensabschnitt mitzunehmen. Wenn du merkst, dass die Zweifel an dir selbst überwältigend werden, ziehe in Betracht, mit einem Coach oder Therapeuten zu sprechen. Es ist kein Zeichen von Schwäche, sondern im Gegenteil von Stärke, Hilfe anzunehmen.

SIEH, WIE STARK DU BIST!

Hier kommt noch ein Tipp, für den du dir einige Zeit und Ruhe nehmen solltest. Es geht darum, zu sammeln, in welchen Hinsichten du in dieser Beziehung gereift bist. Koch dir einen Tee, mach es dir gemütlich und dann lass dir die folgenden Fragen zwanglos im Kopf herumgehen und sei neugierig, welche Antworten in dir aufsteigen. Neben den naheliegenden Dingen, die dir für den Trennungskoffer eingefallen sind, gibt es sicher noch sehr viel mehr Bereicherndes, das du aus der Beziehung mitnimmst. Daher frag dich, wenn du an die Beziehung zurückdenkst:

- Worauf bin ich stolz?
- Weshalb möchte ich mir auf die Schulter klopfen?
- Was habe ich in dieser Zeit gelernt, das ich vorher nicht konnte?
- Inwiefern bin ich durch sie gereift?
- In welcher Hinsicht gehe ich gestärkt aus ihr hervor?
- Was habe ich mir bewahren können, trotz allem?
- Welche positive Überzeugung über mich selbst hat mich durch schwere Zeiten getragen?
- Welche gute Eigenschaft von mir hat mir geholfen, hat mich gestärkt?
- An welcher Stelle bin ich über mich hinausgewachsen?
- Was habe ich bewältigt, das ich nie für möglich gehalten hätte?

Je länger du diesen Fragen nachspürst, desto mehr Antworten werden auftauchen und desto beschenkter wirst du dich von der Beziehung und vor allem von dir selbst fühlen. Wertschätze dich selbst für deine Stärke, deine Geduld oder deine Aufrichtigkeit und alle anderen Eigenschaften, die dir bewusst werden.

Die größte Form der Wertschätzung ist, dir selbst die Liebe und Anerkennung zu schenken, die du verdienst.

2. STOLPERFALLEN VERMEIDEN: WAS DICH AUCH NACH DER SCHEIDUNG NOCH AUSBREMSEN KANN

Endlich geschieden und das Leben ist nur noch eitel Sonnenschein? Schön wär's!
Neben den erwartbaren negativen Gefühlen, die wir nach einer Scheidung mit uns herumtragen, haben wir bisweilen auch mit Herausforderungen zu kämpfen, mit denen wir gar nicht gerechnet hatten. Nicht selten rühren sie daher, dass wir Schwierigkeiten haben, uns an unsere neuen Lebensumstände anzupassen. Ich gehe hier auf sieben der häufigsten Probleme ein, damit du dich darauf vorbereiten kannst, falls sie bei dir auftreten, und Strategien hast, um gut damit umzugehen.

1. Dein anfänglicher Enthusiasmus schwindet

Wie sagt es Hermann Hesse in seinem Gedicht *Stufen* so schön: »Und jedem Anfang wohnt ein Zauber inne …« Kein Wunder also, wenn du nach vollzogener Trennung erst einmal mit Hochgefühlen durch die Welt läufst und meinst, das Leben würde ab jetzt nur noch Erfreuliches für dich bereithalten, gerade wenn die Trennung von dir ausging. Deine Umwelt scheint bunter, leuchtender und fröhlicher zu sein, nicht wahr? Doch nach jedem Hoch geht es auch wieder bergab, so ist die Welt nun mal beschaffen. Das heißt, dein anfänglicher Enthusiasmus wird irgendwann verblassen und der nicht ganz so farbenfrohe Alltag wird wieder Einzug halten. Dann bist du gefragt, nicht an der anfänglichen Trennungseuphorie festhalten zu wollen, sondern zu verstehen, dass nun erst das eigentliche Abenteuer beginnt. Nun kommt es nämlich darauf an, was du mit deinem neuen Leben anstellst. Denn die wahre Herausforderung besteht darin, langfristig dein Glück zu finden. Dankbarkeit ist dabei ein wichtiger Faktor.

2. Dein Leben als Single

Diesen Stolperstein haben wir schon an verschiedenen Stellen des Buches angesprochen. Selbst wenn du froh darüber bist, getrennt zu sein, und die Scheidung ganz klar die richtige Entscheidung für dich war, muss das nicht heißen, dass dir dein Leben als Single auf Anhieb gefällt. Und gerade wenn du nichts lieber wolltest, als dich zu trennen, kann das als ziemliche Überraschung daherkommen.

Denn Single zu sein bedeutet, du bist nicht nur deinen Partner los, sondern auch eure lieb gewonnenen Gewohnheiten und eure Vertrautheit. Dieses neue Leben, das nun vor dir liegt, ist, gerade wenn du lange verheiratet warst, in einem Ausmaß anders, in dem du es vielleicht nie geahnt hättest. Und es liegen eben nicht nur die dreckigen Socken des Partners nicht mehr herum, sondern auch das Gefühl, gemeinsam mit jemandem durchs Leben zu gehen, ist nicht mehr da.

Als Single musst du dich bewusst neu orientieren. Dir einen neuen Alltag, neue Gewohnheiten, neue Gesprächspartner und neue Beschäftigungen suchen. Das geht leichter und schneller, wenn du diesen Veränderungsprozess akzeptierst und ihn willkommen heißt. Sieh die Chance, die darin liegt. Genieße deine Freiheit und nutz die Gelegenheit, um deine eigenen Wünsche und Bedürfnisse zu erforschen.

> Befrage dein Herz und nicht deinen Verstand,
> um deine wirklichen Sehnsüchte zu erkennen.

3. Du hast Zweifel

Ein Problem, das wohl viele kennen, die sich getrennt haben: Nach der Trennung hat man immer wieder Zweifel, ob es die richtige Entscheidung war, die Beziehung zu beenden.

Vielleicht kreist auch dir die Frage, ob du einen Fehler gemacht hast, im Kopf herum. Wenn du das Gefühl hast, »rückfällig« zu werden, obwohl du vorher alles gut durchdacht hast, hast du wahrscheinlich gerade Kirmes im Kopf. Während einer Scheidung ist man oft im Gedankenkarussell gefangen. Fragen wie die folgenden sind dann an der Tagesordnung: Warum ist alles so gekommen? Wann genau ist die Beziehung zerbrochen? Hat sie mich überhaupt geliebt? Was macht er jetzt wohl gerade? Ob sie mich vermisst? Geht es ihm etwa besser als mir? Hätte ich lieber bei ihm bleiben sollen?

Manchmal vergeht kein Tag, an dem dein Ex-Partner nicht in deinem Kopf herumschwirrt und dir mitunter schon ganz schwindelig ist. Stopp! Steig aus diesem Karussell aus und schau genau hin:

Warum leidest oder zweifelst du?

Offenbar, weil du dir von deinem Ex-Partner noch immer die Richtung vorgeben lässt. Solange deine Gedanken ständig um ihn kreisen, drehst du dich nur im Kreis.

Du musst dieses Karussell verlassen und dich mit dir selbst beschäftigen. Steig aus und geh in deinem Jahrmarkt im Kopf stattdessen rüber zum Zuckerwattemann. Gewinn Abstand und frag dich:

- Wovon bin ich eigentlich so getriggert?
- Was genau empfinde ich als so schmerzhaft?
- Wo sitzt der Schmerz in meinem Körper?
- Was macht das Gefühl mit mir?
- Was kann ich tun, um diese Emotion gehen zu lassen?
- Was kann ich beitragen, damit es in der nächsten Beziehung anders wird?
- Was vermisse ich denn wirklich und wie kann ich es ersetzen?

Und nein, ich meine mit »ersetzen« nicht, schnell einen neuen Partner zu finden. Die einzig richtige Entscheidung ist jetzt nämlich die für dich selbst. Wenn du dir wichtiger bist als dein Ex-Partner, dann sei es dir wert, deine Gedanken nur bei dir zu lassen und zu heilen.

PS: Jeder Mensch fragt sich nach einer Trennung hin und wieder, ob er die richtige Entscheidung getroffen hat. Das ist normal und heißt nicht, dass sie falsch war.

PPS: Vermeide, soweit möglich, Kontakt zu deinem Ex, solange du dir unsicher bist. Ein klarer Abstand hilft dir, objektiv zu bleiben und deine Emotionen unter Kontrolle zu behalten.

4. Dein Ex hat jemand Neues

Ups … Dein Ex ist schon wieder neu liiert, und das macht dir mehr zu schaffen, als du gedacht hättest. Eifersucht, Trauer und Sehnsucht sind plötzlich deine ständigen Begleiter.

Ich kann verstehen, wenn du das jetzt nicht hören willst, aber akzeptiere, dass dein Ex ein eigenes Leben führt und das Recht auf eine neue Beziehung hat. Auch wenn es schwerfällt: Versuche, loszulassen und – ganz wichtig! – dich nicht mit der neuen Beziehung zu vergleichen. Es führt zu nix, dich neben der/dem Neuen auf einem imaginären Flipchart zu positionieren und Häkchen zu setzen – glaub es mir. Konzentriere dich lieber auf dein eigenes Leben und darauf, es dir schön zu machen. Im Zweifelsfall zieh klare Grenzen, falls der Kontakt mit deinem Ex zu belastend ist – natürlich unter Beachtung der Belange gemeinsamer Kinder.

5. Das Gras, das auf der anderen Seite immer grüner ist

Du solltest nicht nur dich selbst nicht mit deinem Nachfolger oder deiner Nachfolgerin vergleichen, sondern auch Vergleiche zwischen deinem neuen Partner und dem alten sind nicht angezeigt. Vielleicht hast du dich für eine neue Liebe getrennt und nach der ersten Begeisterung merkst du, dass auch dieser Mensch seine Schattenseiten hat. Fragst du dich nun, weshalb du eigentlich gegangen bist?

Trotzdem: Vergleiche mit dem Ex-Partner sind tabu. Die Neue ist häuslicher, dafür war die Alte ein bisschen unterhaltsamer. Der Neue ist erfolgreicher, dafür war der Alte irgendwie liebevoller.

Merkst du was? Das ist eine Sackgasse. Deshalb solltest du konsequent nicht einbiegen. Du wirst damit keinem von beiden gerecht und machst euch nur das Leben schwer.

Darum hör genauso auf, das Alte zu demontieren wie die Eigenschaften deines früheren Partners zu glorifizieren. Dem Vergangenen eine Krone aufzusetzen bedeutet gleichzeitig, Neues nicht ausreichend wertzuschätzen.
Es sollte überflüssig sein, das zu erwähnen, aber: Keine Beziehung ist perfekt. Jeder Mensch hat Schwächen und dein neuer Partner ist genauso wenig vollkommen wie der alte. Mach das Beste draus.
Und wenn du in der neuen Partnerschaft unbedingt etwas vergleichen willst, dann vergleiche dein aktuelles Beziehungs-Ich mit deinem alten und freu dich über die Fehler, die du heute nicht mehr machst.
Du wirst früh genug herausfinden, was in der neuen Beziehung Realität ist und was nur Illusion. Aber gib dir und deinem jetzigen Partner die Chance für einen neuen Weg und tritt nicht in die alten Fußstapfen.

6. Du vermisst die Kinder

Sollte es die Scheidung mit sich bringen, dass die Kinder nicht mehr überwiegend bei dir leben, kann das äußerst schmerzvoll sein. Gerade wenn du es gewöhnt warst, sie immer um dich zu haben, vermisst du sie womöglich sehr, wenn sie nicht da sind.

Kinder sind wie Sterne.
Auch wenn du sie nicht immer siehst,
sind sie doch da und bei dir.

Auch wenn es unendlich schwerfällt: Versuche, innerlich Ja zu der Situation zu sagen. Du kannst sie nicht ändern und dein Widerstand macht alles nur noch schlimmer. Auch für die Kinder, denn sie spüren das. Sprich mit ihnen über deine Gefühle, aber lass sie keinesfalls die Verantwortung für deinen Schmerz übernehmen. Die Kinder müssen sich sicher und geliebt von dir fühlen, auch wenn du nicht ständig präsent bist. Schau, dass du regelmäßig mit ihnen in Kontakt stehst und sie die Möglichkeit haben, sich jederzeit bei dir zu melden, wenn sie das Bedürfnis haben. Manchmal ist es aber so, dass Kinder traurig werden, wenn sie bei dem nicht überwiegend betreuenden Elternteil sind und die sonst immer betreuende Mama oder den Papa plötzlich hören. Hab bitte auch das im Blick, gerade wenn die Kinder klein sind, und orientiere den Kontakt ausschließlich an dem, was den Kindern guttut. Und abgesehen davon: Finde Wege, wie du die Zeit ohne deine Kinder genießen und nutzen kannst, um dich selbst weiterzuentwickeln oder dich mit anderen zu verbinden.

7. Dein Freundeskreis bricht weg

Deine Freunde sind deine Freunde, egal ob mit Partner oder ohne, oder? So einfach ist es leider nicht. Gerade wenn ihr lange zusammen gewesen seid, ist der Freundeskreis oft ein gemeinsamer, und auch wenn am Anfang alle bemüht sind, den Kontakt zu beiden Partnern zu halten, werden sich nach einer Weile Freunde von dir abwenden, weil sie den Spagat nicht hinbekommen. Vielleicht kehren dir auch solche den Rücken, von denen du es nie erwartet hättest. Das ist hart.
Wie gehst du mit dieser Situation um?

- Sprich diejenigen, die dir besonders wichtig sind, darauf an und sag es ihnen. Vielleicht möchten sie dich auch gern weiterhin treffen, wollen aber auch deinem Ex nicht in den Rücken fallen. Zusammen findet ihr sicher eine Lösung.
- Schau dich, sobald der Gedanke an Trennung im Raum steht, nach neuen, eigenen Freunden um. Dafür kannst du genauso alte Freundschaften, die im Laufe deiner Ehe vielleicht eingeschlafen sind, wieder aufleben lassen, wie du auch auf neue Menschen zugehen kannst, die dir sympathisch sind. Ob beim Sport, beim Elternabend oder im Job – verabrede dich auf einen Kaffee mit der Person und schau, ob ihr matcht. Vielleicht bleibt es bei einem Nachmittag, vielleicht wird eine tiefere Verbindung draus, wer weiß.

3. RAUM FÜR EINE NEUE LIEBE: WIE DU WIRKLICH NEU BEGINNST

Eine neue Liebe ist wie ein neues Leben. Oder wie war das noch mal? Als Juristin würde ich sagen: Es kommt darauf an. Als Coach übrigens auch.
Worauf?
Die wievielte Schleife du gerade drehst und ob du nach der letzten Beziehung deine Hausaufgaben gemacht hast.
Nach meiner Erfahrung meinen Menschen, die sich trennen, häufig, das Scheitern ihrer Ehe sei allein auf ihren Partner zurückzuführen – und folgerichtig müssten sie sich nur einen passenderen Partner suchen, und schon wäre ihr Beziehungsleben wunderbar.

Auch wenn dein Partner geht,
werden deine Probleme bleiben – und zwar so lange,
bis du an dir selbst arbeitest.

Spätestens wenn du dieses Buch bis hierher gelesen hast, weißt du, dass ich da anderer Ansicht bin. Wenn unsere Beziehung scheitert, hat das immer auch etwas mit uns selbst zu tun. Und erst wenn du das erkennst, wenn du dir deiner Muster und Verhaltensweisen bewusst wirst, die zu der Trennung beigetragen haben, kannst du etwas ändern, ein neues Lebensgefühl entwickeln und deine nächste Beziehung anders (er)leben. Das meine ich mit »Hausaufgaben machen«.
Wenn es dir gelingt, den Blick auf deine Anteile zu richten und nicht nur mit dem Finger auf deinen Ex-Partner zu zeigen, dann hast du gute Chancen auf Wachstum. Ansonsten ist die neue Liebe statt eines neuen Lebens wohl nur eine nächste Runde.
Ich musste bei meiner Arbeit schon ab und an schmunzeln, zum Beispiel als ein getrennt lebender Ehemann seine neue Partnerin mit zum

Beratungsgespräch brachte. Schon nach wenigen Minuten war offensichtlich, dass er sozusagen vom Regen in die Traufe gekommen war. Das, was ihn an seiner alten Ehefrau gestört hatte, nämlich ein sehr dominantes, übergriffiges und bisweilen manipulatives Verhalten, legte die neue Partnerin ganz offensichtlich ebenso an den Tag. Nur die Haarfarbe war anders.

Dass Menschen, wenn sie die eigene Rolle in der Beziehung nicht aufarbeiten, immer wieder dieselbe ungute Wahl treffen, erlebe ich in meinen Beratungsgesprächen öfter. Natürlich spreche ich das nicht an. Das steht mir nicht zu. Aber im Stillen frage ich mich dann schon, wie lange oder besser kurz diese neu-alte Verbindung wohl halten wird.

Wie also kannst du wirklich neu beginnen?

> Ein neuer Partner wird nie
> die Wunden heilen, die du nur
> selbst heilen kannst.

Spätestens die Trennung sollte der Zeitpunkt sein, an dem du dich mit deinen eigenen Glaubenssätzen und Mustern auseinandersetzt. Natürlich ist es immer einfacher, das Fehlverhalten des Ehepartners aufzudecken, doch hier liegt nicht dein Veränderungspotenzial. Das liegt nur in dir.

Wenn noch nicht geschehen, dann beschäftige dich nun eingehend mit den Übungen im zweiten Teil. Dadurch lernst du dich selbst besser kennen und verstehst, wo du dich wandeln kannst, damit es beim nächsten Mal besser klappt.

Exkurs: Das Resonanzgesetz – die Kraft der Anziehung

Wie es in den Wald hineinruft, so schallt es heraus. Den Spruch hast du mit Sicherheit schon gehört. Und vielleicht hast du für dich selbst die Erfahrung gemacht, dass er auch stimmt. Wenn du freundlich, offen und interessiert auf Menschen zugehst, reagieren sie in der Regel ähnlich – und sehr anders, als wenn du ihnen verschlossen und unfreundlich begegnest. Ich vermute mal, ich erzähle dir damit nichts Neues, oder?

Bei Problemen und Herausforderungen ist es dasselbe. Je optimistischer und wohlwollender du an eine Aufgabe herangehst, desto leichter und kreativer wirst du sie lösen.

Das Gefühl, dass wir durch unsere Gedanken und unsere innere Haltung Einfluss auf die äußeren Umstände nehmen können, führen manche Menschen auf das »Gesetz der Resonanz« zurück. Ausgehend von der physikalischen Tatsache, dass alles im Universum in ständiger Bewegung und Schwingung ist, sind manche Leute davon überzeugt, dass unsere Gedanken, Gefühle und Überzeugungen auch eine Schwingung haben, die mit ähnlichen Schwingungen im Außen in Resonanz geht. Schließlich sendet vom kleinsten Atom bis zu den größten Himmelskörpern alles Schwingung aus und reagiert auf andere Schwingungen. Dieser Theorie nach sendest du, wenn du in einem Zustand von Liebe, Freude und Dankbarkeit bist, positive Schwingungen aus, die dann auch positive Ereignisse, Menschen und Gelegenheiten in dein Leben ziehen. Und umgekehrt, wenn du dich in einem Zustand von Angst, Zweifel und negativem Denken befindest, ziehst du ähnlich negative Erlebnisse an.

Auch wenn diese Annahme wissenschaftlich nicht haltbar ist, möchte ich dir trotzdem empfehlen, es mal auszuprobieren. Ich kann aus meiner eigenen Erfahrung und der verschiedener Mandanten nur Positives über so eine innere Haltung berichten.

4. DEIN BESTES LEBEN

Erinnerst du dich noch an die alte Schulfreundin, die du zu Beginn des Buches nach vielen Jahren wiedergetroffen hast? Stell dir vor, ihr seid seitdem in Kontakt geblieben. Ihr habt euch öfter getroffen und telefoniert regelmäßig miteinander. Und natürlich hat diese Freundin auch deine Trennung miterlebt. Nun, nach deiner vollzogenen Scheidung, sitzt ihr wieder zusammen im Café. Und irgendwie, ohne dass ihr es geplant hättet, fangt ihr an, darüber zu sprechen, wie dein Leben zukünftig aussehen wird. Jetzt, wo du aus den alten Strukturen raus bist, wo wieder so viel offen ist. Natürlich wirst du weiterhin deinem Job nachgehen, dich um Kinder oder Eltern kümmern oder Zeit für Ehrenämter und andere Verpflichtungen aufbringen. Und doch ... vor dir liegen jede Menge neue Möglichkeiten. Jede Menge Freiheit, dein Leben zu verändern, es so umzukrempeln, wie es dir gefällt, es so schön und erfüllend werden zu lassen, wie du es vielleicht nie zu träumen gewagt hast.

Und weil ihr gerade in so ausgelassener Stimmung seid, fangt ihr an, herumzufantasieren und euch auszumalen, wie dein bestes Leben nun konkret aussehen könnte.

Fantasien sind nicht nur Träume.
Sie sind der erste Schritt in deine neue
Wunschrealität.

Du fragst dich: Was wäre ein idealer Tag für mich? Was würde passieren, morgens, mittags, abends, nachts? Wo wäre ich? Was würde ich tun? Würde ich arbeiten und wenn ja, was für eine Arbeit wäre das? Würde ich Hobbys pflegen? Hätte ich einen geregelten Tagesablauf oder wäre jeder Tag anders? Würde ich ausgehen? Wenn ja, wo und wie? Würde ich regelmäßige Me-Time mit Wellness für mich

einplanen oder wäre ich viel unterwegs auf Städtetrips oder langen Reisen durch die Welt? Überhaupt – wo würde ich wohnen? In welchem Land? In der Stadt, in der Natur, in einem Haus, einer Wohnung, einem Wohnmobil oder unter freiem Himmel? In den Bergen oder lieber am Meer? In einer Gemeinschaft oder allein? Wie würde ich auf Menschen zugehen und mit welchen Menschen stünde ich regelmäßig in Kontakt?
Mit wem würde ich Zeit verbringen? In was für einer Stimmung wäre ich hauptsächlich? Was für eine Beziehung hätte ich zu meinem Körper? Hätte ich ein Haustier? Welcher Art wären die Gedanken, die mir durch den Kopf gehen? Was würde ich essen, was trinken? Wie wäre meine perfekte Welt?

Die besten Antworten entstehen oft
aus den richtigen Fragen.

Stell dir vor, es gäbe kein Unmöglich. Wie würdest du dich fühlen? Wie sähe dein Mindset aus? Was für eine Art von Love Language hättest du?
Mal dir dein Traumleben so genau und detailliert aus wie möglich. Stell dir vor, du würdest dieses Leben bereits leben, wie würde es sich anfühlen? Welche Farben, Gerüche oder Geräusche nähmst du wahr? Erschaffe eine umfassende Vision deiner selbst in diesem Leben.
Wenn du magst, schließ für einen Moment die Augen, konzentriere dich auf deinen Atem und lass das alles in Ruhe auf dich wirken. Sieh es wirklich vor dir. Und dann spüre: Wie geht es dir bei dieser Vorstellung? Welche Empfindungen kannst du in deinem Körper wahrnehmen, wenn du daran denkst?
Vielleicht spürst du ein euphorisches Kribbeln im Bauch, vielleicht Leichtigkeit in den Armen, vielleicht löst sich Anspannung im Kiefer oder in den Schultern. Was immer es ist, nimm es einfach wahr.

Und dann wag den Sprung! Schau dir dein aktuelles Leben an und stell es gegen dein Traumleben: Was davon deckt sich schon mit deinen Wünschen? Wo lebst du bereits das, was du dir erträumst? Und an welchen Stellen sieht dein jetziges Leben zwar noch anders aus, ließe sich aber leicht entsprechend verändern?
Vielleicht suchst du eh gerade eine neue Wohnung oder ein Haus? Vielleicht hattest du sowieso vor, deinem Körper mehr Aufmerksamkeit zu schenken oder gesunde Routinen in deinen Alltag einzubauen?
Gehen wir nun noch einen Schritt weiter: Wie wäre es möglich, auch die Vorstellungen Wirklichkeit werden zu lassen, die derzeit noch weit entfernt von deiner Realität sind? Stell dir vor, es wäre dir unmöglich, den Gedanken »geht nicht« zu denken – welche im ersten Moment vielleicht abwegigen Ideen für eine Umsetzung kommen dir dann in den Sinn? Sei offen und lass deiner Kreativität und Fantasie freien Lauf.
Es geht bei dieser Visualisierung nicht unbedingt darum, alles Realität werden zu lassen, was du dir zuvor ausgemalt hast, sondern darum, deinen Geist zu »lockern«, damit du spürst, dass viel mehr möglich ist, als all die Nein-Sager, Bedenkenträger und Pessimisten in deinem Kopf dich glauben lassenwollen. Die Resonanz wird folgen.
Visualisierung ist ein kraftvolles Werkzeug, um deine Energie auf ein gewünschtes Ziel auszurichten. Ich empfehle dir, sie viel öfter im Alltag einzusetzen.

Visualisierung ist der erste Schritt,
um Unsichtbares sichtbar und
Unmögliches möglich zu machen.

SCHLUSSWORT

Eine Ehe ist eine wunderbare Sache – aber nicht um jeden Preis. Manchmal kann es richtig sein, sich zum Wohle aller für eine friedliche Scheidung zu entscheiden.

Ich bin fast sicher, du hast beim Lesen dieses Buches herausgefunden, was für dich stimmig ist – ob du dich weiter für deine Ehe einsetzen willst oder den Weg der Trennung einschlägst.

Zum Schluss möchte ich noch einen Anker bei dir setzen, und zwar mit dem Bild einer Tür.

Das Leben ist voller Türen. Manche stehen weit offen, andere sind nur angelehnt und einige erscheinen zunächst verschlossen. Doch in Wahrheit gibt es immer Türklinken und Schlüssel und es liegt in deiner Hand, welche Türen du öffnest und ebenso, welche du hinter dir schließt.

Eine dieser Türen kann eine Scheidung bedeuten – im besten Fall aus keinem negativen Impuls heraus, sondern aus einem tiefen, respektvollen Verständnis für dich selbst und den anderen. Du musst die Tür nicht hinter dir zuknallen, um sie mit Gewissheit zu schließen. Ein verantwortungsvoller Schritt in eine neue Zukunft ist leise. Ein Schritt, der dich zu mehr Freiheit, Selbstverwirklichung und innerer Klarheit führt. Sieh eine Scheidung als Chance, neue Räume zu betreten, in denen du glücklich bist und die dich zu der Person werden lassen, die du sein willst. Es ist dein Leben. Du bist nicht Opfer der Umstände, sondern Entscheider und Creator deiner Zukunft.

Wenn du dich dafür entscheidest, die Tür deiner Ehe hinter dir zu schließen, dann schließe sie mit dem Bewusstsein, loszulassen – all das, was dir nicht mehr dient, dir nicht guttut, dich nicht mehr weiterbringt.

Und wenn du diese Tür geschlossen hast, dann konzentriere dich darauf, welche Tür du nun öffnest. Die Freiheit, Türen zu öffnen, ist ein kraftvolles Symbol für den Neubeginn, der auf dich wartet, wenn du aus dem Alten heraustrittst und für dich herausfindest, wie du deine Zukunft gestalten willst, und dann setz dich in Bewegung.

Ich hoffe, dieses Buch hat dir nicht nur praktische Anhaltspunkte in der Frage »Trennen oder bleiben?« geliefert, sondern dir auch neue Perspektiven eröffnet.

Unabhängig davon, wie deine Vergangenheit aussieht – wähle die Tür, die dich in die Zukunft führt, die du dir wünschst.

Mit diesem Gedanken schließe ich mein Buch – für dich kann dies jedoch der Anfang sein. Der Anfang von einem erfüllteren und glücklicheren Leben. Denn:

»Mut steht am Anfang des Handelns,
Glück am Ende.«

DEMOKRIT

LITERATUREMPFEHLUNGEN

Estell Baumann: *Scheidungs-Navi – Gekonnt getrennt,* Beck kompakt 2025

Debbie Ford: *Schattenarbeit – Wachstum durch die Integration unserer dunklen Seite,* Goldmann Verlag 2011

Paul Gamber: *Transaktionsanalyse für Dummies,* Wiley-VCH 2016

Ralf Heske: *4 Fragen, die alles verändern. Das große Praxisbuch für The Work nach Byron Katie,* Gräfe und Unzer 2020

Inke Hummel: *Ups, meine Eltern leben in Trennung. Eine Vorlesegeschichte, um den Umgang mit einer Elterntrennung zu erleichtern,* Humboldt 2024

Marianne Nolde: *Eltern bleiben nach der Trennung. Was Ex-Partner für sich und ihre Kinder wissen sollten,* Knaur 2020

Silvia Richter-Kaupp: *Boost your Decisions – Dein Entscheidungsfindungs-Workbook. Ein Selbstcoaching-Tool, um gute Entscheidungen zu treffen, die du hinterher nicht wieder infrage stellst, sondern mit Überzeugung umsetzt,* Independently published 2022

Marshall B. Rosenberg: *Gewaltfreie Kommunikation. Eine Sprache des Lebens,* Junfermann Verlag 2016

Ina Rudolph: *Ich will ja loslassen, doch woran halte ich mich dann fest?* Goldmann Verlag 2015

ZU DER AUTORIN

Estell Baumann ist Rechtsanwältin, Fachanwältin für Familienrecht, zertifizierter Coach und Mediatorin. Seit 19 Jahren begleitet sie Menschen durch Trennungen und Scheidungen. Der FOCUS zählt sie zu den Topanwältinnen für Familienrecht und ihre Kanzlei in Heidelberg wird vom STERN als eine der besten in diesem Fachgebiet empfohlen. Estell Baumann ist geschieden und Mutter eines Sohnes.

WICHTIGER HINWEIS

Die Gedanken, Methoden und Anregungen in diesem Buch stellen die Meinung bzw. Erfahrung der Verfasserin dar. Sie wurden von der Autorin nach bestem Wissen erstellt und mit größtmöglicher Sorgfalt geprüft. Sie bieten jedoch keinen Ersatz für persönlichen kompetenten medizinischen Rat. Jede Leserin, jeder Leser ist für das eigene Tun und Lassen auch weiterhin selbst verantwortlich. Weder Autorin noch Verlag können für eventuelle Nachteile oder Schäden, die aus den im Buch gegebenen praktischen Hinweisen resultieren, eine Haftung übernehmen.

DIE BÜCHERMENSCHEN HINTER DEM PROJEKT

Verlagsleitung: Eva Dotterweich
Projektleitung: Simone Kohl, Johanna Müller
Text und Lektorat: Anne Nordmann
Korrektorat: Christian Wolf
Bildredaktion: Simone Hoffmann
Cover: GROOTHUIS. Gesellschaft der Ideen und Passionen mbH
Layout: Modifizierug des Layouts durch Alexander Gröber, Uhl + Massopust, Aalen
Satz: Uhl + Massopust, Aalen
Herstellung: Markus Plötz
Reproduktion: LUDWIG:media, Zell am See
Druck & Bindung: Livonia Print, Riga

Grillparzerstraße 12, 81675 München

www.gu.de/kontakt | hallo@gu.de

GU ist eine eingetragene Marke der GRÄFE UND UNZER VERLAG GmbH

1. Auflage 2025, ISBN: 978-3-8338-9646-0

G|U

LIEBE LESERIN, LIEBER LESER,

wie wunderbar, dass du dich für ein Buch von GU entschieden hast! In unserem Verlag dreht sich alles darum, dir mit gutem Rat dein Leben schöner, erfüllter und einfacher zu machen. Unsere Autorinnen und Autoren sind echte Expertinnen und Experten auf ihren Gebieten, die ihr Wissen mit viel Leidenschaft mit dir teilen. Und unsere erfahrenen Redakteurinnen und Redakteure stecken viel Liebe und Sorgfalt in jedes Buch, um dir ein Leseerlebnis zu bieten, das wirklich besonders ist. Qualität steht bei uns schon seit jeher an erster Stelle – jedes Buch ist von Büchermenschen für Buchbegeisterte gemacht, mit dem Ziel, dein neues Lieblingsbuch zu werden.

Deine Meinung ist uns wichtig und wir freuen uns sehr über dein Feedback und deine Empfehlungen – sei es im Freundeskreis oder online.

Viel Spaß beim Lesen und Entdecken!

P.S. Hier noch mehr GU-Bücher entdecken: www.gu.de

FÜR DIE UMWELT

Dieses Buch wurde auf PEFC-zertifiziertem Papier aus nachhaltiger Waldwirtschaft gedruckt.
Aus Liebe zur Natur verwenden wir leichtes Papier.

WERDE TEIL DER GU-COMMUNITY!

Du und deine Familie, dein Haustier, dein Garten oder einfach richtig gutes Essen. Egal, wo du im Leben stehst: Als Teil unserer Community entdeckst du die neuesten GU-Bücher als Erstes, du genießt exklusive Leseproben und wirst mit wertvollen Impulsen und kreativen Ideen bereichert.

Worauf wartest du? Sei dabei!

www.gu.de/gu-community

© Jessica Kassner

WARUM UNS DAS BUCH BEGEISTERT

»Einen klaren Kopf für kluge Entscheidungen – das vermittelt Estell Baumanns Buch in schwierigen Zeiten.«

Eva Dotterweich, Verlagsleitung